KB271089

서울大學校東洋史學講義叢書 Ⅰ

# 東洋史講義要綱

閔斗基 吳金成 金容德 李成珪 朴漢濟 編著

知識産業社

# 東洋史講義要綱

초판 제 1쇄 발행 1981. 8. 5.
초판 제17쇄 발행 2012. 2. 1.

지은이　閔斗基·吳金成·金容德·李成珪·朴漢濟
펴낸이　김 경 희
펴낸곳　(주)지식산업사
　　　　본사 ◉ 413-832, 경기도 파주시 교하읍 문발리 520-12
　　　　　　　전화 (031) 955-4226~7 팩스 (031)955-4228
　　　　서울사무소 ◉ 110-040, 서울시 종로구 통의동 35-18
　　　　　　　전화 (02)734-1978 팩스 (02)720-7900
　　　　한글문패 지식산업사
　　　　영문문패 www.jisik.co.kr
　　　　전자우편 jsp@jisik.co.kr
　　　　등록번호 1-363
　　　　등록날짜 1969. 5. 8.

**책값은 뒤표지에 있습니다.**


ISBN 978-89-423-2917-9 93910

이 책을 읽고 저자에게 문의하고자 하는 이는
지식산업사 전자우편으로 연락바랍니다.

# 차 례

## 一. 導 論



## 二. 中國의 古典文化

### Ⅰ. 中國文明의 起源



### Ⅱ. 殷·周의 社會와 文化



### Ⅲ. 春秋戰國時代의 社會와 文化

# 三. 諸子百家의 思想

## Ⅰ. 總 論



## Ⅱ. 主要學派의 思想(Ⅰ)



## Ⅲ. 主要學派의 思想(Ⅱ)

# 四. 秦·漢 帝國

# 五. 南北朝·隋唐 時代

## Ⅰ. 胡·漢 體制의 成立



## Ⅱ. 貴族制와 律令體制



## Ⅲ. 南北朝·隋唐 時代의 宗教와 藝術



# 六. 日本의 古·中世

## Ⅰ. 古代日本



## Ⅱ. 中世日本

## Ⅱ. 遼와 金



## Ⅲ. 蒙古族의 世界帝國



# 九. 明·淸 時代의 社會와 文化

## Ⅰ. 官紳秩序의 成立



## Ⅱ. 淸朝의 中國 支配



## Ⅲ. 社會와 經濟의 發展

## Ⅳ. 明·淸 時代의 思想과 文化



# 十. 近世日本

## Ⅰ. 集權的 封建國家의 成立



## Ⅱ. 德川時代의 社會와 文化



# 十一. 中國의 近代

## Ⅰ. 西洋勢力의 侵入

# 十二. 近代日本의 成立

# 十三. 二〇世紀의 東아시아──中國

## Ⅰ. 軍閥時代



## Ⅱ. 五·四運動



## Ⅲ. 中國 國民黨과 中國 共産黨의 合作과 鬪爭



## Ⅳ. 抗日勝利와 全面內戰

# 十四. 二○世紀의 東亞──日本

## Ⅰ. 大正民主主義의 時代



## Ⅱ. 軍國主義의 擡頭와 終末



# 十五. 越南史의 展開

## Ⅰ. 越南의 獨立과 南進



## Ⅱ. 越南의 對佛抗爭

## Ⅲ. 越南史의 特性

# 凡　　例

1.　本書는 大學에서 東洋文化史의 講義와 受講의 便宜를 위해 편찬된
　것이다. 그러나 東洋史概說의 강의에도 활용할 수 있을 것이다.

2.　本書의 執筆分擔은 다음과 같다.

　　　一, 十一, 十三, 十五 ; 閔斗基(서울大 東洋史學科 敎授)

　　　二, 三, 四 ; 李成珪(서울大 東洋史學科 副敎授)

　　　五 ; 朴漢濟(國民大 專講, 서울大 東洋史學科 助敎授)

　　　六, 十, 十二, 十四 ; 金容德(서울大 東洋史學科 敎授)

　　　七, 八, 九 ; 吳金成(서울大 東洋史學科 敎授)

3.　本書는 1981년 3월에서 6월까지의 서울大學校에서의 실험강의와
　10여차의 集中討論을 거쳐 분담 집필하였다.

4.　本書는 그 構成에 있어 로마수자를 한 時間單位로 하여 강의할 수
　있도록 기준을 세웠다.

5.　參考文獻 目錄을 선정함에 있어서는 本書에서 다루어진 項目과 직
　접 관계되는 것만을 고르는 것을 원칙으로 하였다.

6.　비슷한 제목의 글이 여러 편 있을 경우에는 한두 편만을 골랐다.

7.　적절한 학술논문이 발표되지 아니한 항목의 경우, 논설문도 재록
　하였다.

8.　論文集이 單行本으로서 제시된 경우에는 그 안에 수록된 論文은 따
　로 제시하지 않았다.

9.　당연히 채록될 글인데도 편자들이 미처 所在를 알지 못하여 누락
　된 것이 있을 줄 안다. 조사되는 대로 다음 기회에 보충하겠다.

# 一. 導　　論

**1. 東洋과 東아시아**

ㄱ)「東洋」의 語源과 意味

　　a) 中國의 用例(明代—呂宋 以南, 淸代—日本)

　　b) 日本의 用例(日本을 제외한 非歐美世界, 특히 中國·韓國이 主,
　　　　印度는 副次)

　　c) 西洋의 Orientalism(地中海 이동의 專制體制社會)의 反影

　　d) 새로운 歷史世界의 成立(아프리카·東南亞)으로 인한 槪念 分化
　　　　의 必要——東아시아

ㄴ)「東아시아」의 意味

　　a) 地理的 單位와 歷史的 單位의 統合(日本·中國·韓國·越南)

　　b) 價値中立的 意味

　　c) 우리로부터의 距離——歷史認識의 實際的 範圍

　　d) 아시아史의 可能性(東아시아史·印度史· 東南亞史· 西南亞史의
　　　　包含)

**2. 東아시아史의 環境**

ㄱ) 文化的 經驗, 歷史的 經驗의 聯關性

　　a) 中國文化의 發展, 波及, 抵抗과 受容, 獨自性(華夷思想·漢字·
　　　　佛敎·制度)

　　b) 歷史的 接觸의 單位(前近代時期의 事件의 聯關性, 近代時期——
　　　　西洋에의 對決)

ㄴ) 中國의 人文的 地理的 多樣性·複雜性을 포함한 統一

  a) 氣候(寒帶—亞熱帶)·地質(農耕地—沙漠·高山)

  b) 生産條件의 差異(北方의 田作, 南方의 水稻作, 北方의 半農半牧 또는 牧畜)

  c) 胡漢(南北)의 相互交涉(先秦·秦漢·南北朝隋唐·宋·遼·金· 元·明·淸)

  d) 多民族 構成(蒙古·回族·위그루族 등)

  e) 漢字의 統合機能

  f) 巨大性·統一性 속의 地域的 分割的 性格의 併存(鄕村秩序의 獨自性, 地域的 獨自性)

ㄷ) 內陸 아시아, 東北 아시아의 環境

  a) 遊牧的 生活秩序

  b) 中國의 政治的 交涉(侵略·支配·聯盟·服屬)

  c) 中國文化와의 接觸(鹽·茶·馬·絹·鐵 등)

  d) 비단길(天山北路·天山南路)

ㄹ) 日本史의 背景

  a) 섬나라의 開放性과 閉鎖性(文化的 多樣性의 綜合化, 併存的 綜合, 外侵으로부터의 保護)

  b) 海洋進出의 經驗

  c) 農業과 商業의 發達(人口의 增加, 都市의 發達)

  d) 封建社會의 經驗(東아시아의 다른 나라와의 차이)

  e) 擬制的 血緣社會(「家」)

ㅁ) 越南史의 特性

  a) 中國으로부터의 힘(文化的·政治的)의 受容과 抵抗

  b) 「南進」의 經驗

  c) 獨自的 政治圈의 形成(外王內帝·小朝貢秩序)

  d) 皇帝權의 特性(親近性)과 限界(民族的 英雄으로서의 王, 鄕村秩序에의 浸透의 限界, 中央集權體制의 弱體性)

ㅂ) 東아시아의　近代

　a) 西洋近代에　대한　對應의　差異(挫折과　順應, 模倣과　獨自性, 中
　　國, 日本, 越南)

　b) 共通性과　差異點(儒敎文化는　共通性을　나타내는가?　差異性의
　　尺度인가?　새로운　狀況展開에의　歷史的　說明의　必要)

# 二. 中國의 古典文化

## Ⅰ. 中國文明의 起源

### 1. 傳統時代 中國人의 上古觀

ㄱ) 文明 이전에 대한 觀念(太古의 原始生活)

ㄴ) 文化創造의 英雄(점진적인 進步·發展 意識의 缺如)

  a) 三皇(神農·女媧·伏羲)

  b) 五帝(黃帝·顓頊·帝嚳·堯·舜)

  c) 神話와 歷史의 結合(神話의 歷史化)

ㄷ) 三代觀(夏·殷·周의 理想型)


### 2. 近代史學의 上古研究

ㄱ) 古傳承에 대한 批判과 否定

ㄴ) 考古學 成果에 의한 再認識

  a) 原始文化의 發見

  b) 夏王朝 實在論爭(二里頭文化)[1]

  c) 殷王朝의 實在證明 및 社會構造 研究(安陽 小屯 發掘 이후)

ㄷ) 中國文明 起源論爭

  a) 西方傳來說(新石器·青銅器 文化)

---

1) 1959~1964년간의 9차, 1972~1973년간의 3차, 총12차에 걸쳐 河南省 偃師縣 二里頭의 발굴조사 결과 확인된 文化型으로서(B.C. 2000년 전까지 소급) 특히 거대한 宮殿址와 초기 青銅文化가 확인됨으로써 이것을 夏文化段階로 주장하는 견해가 점차 대두되고 있다.

b) 自生發展論(考古學 成果에 의해 점차 증명)

### 3. 先史文化의 發展

ㄱ) 舊石器 人類의 活動

a) 元某人 ; 1965 년 雲南省 元某縣에서 齒化石 發見, 1976 년 170 만 년 전 猿人으로 확인, 불을 사용

b) 藍田人 ; 1963 년 陝西省 藍田縣에서 발견, 60 만 년 전, 頭蓋骨 容量 780cc(類人猿 최대치 623cc), 石器의 2 차 가공은 無

c) 北京人 ; 1923 년 北京 周口店에서 발견, 50 만 년 전, 頭蓋骨 容量 850~1300cc(現生人類 평균 1350cc).

d) 丁村人 ; 1954년 山西省 襄汾縣 丁村에서 발견, 40~20만 년 전, 上門齒가 蒙古人의 特徵.

e) 上洞人 ; 北京 周口店 上洞에서 발견, 3~4 만 년 전, 非몽고型의 문제[1]

f) 기타 ; 資陽人(四川)·泗洪人(安徽) 등

ㄴ) 新石器文化의 系統

a) 最早文化 ; B.C. 7000~6000 년까지 소급됨(河南省 磁山, 裵李崗 中心)

b) 仰韶文化 ; B.C. 5000~3000, 彩陶 中心, 代表 遺蹟(半坡), 中原에서 발전, 甘肅 仰韶文化는 後期

c) 大汶口文化[2] ; B.C. 4500~2300, 山東·河南 東部·安徽 北部에 分布, 山東 龍山文化로 發展

d) 龍山文化

○ 初期 仰韶文化와의 關係論爭(先後, 文化 主人公의 차이 등)

---

1) 上洞人은 몽고인보다는 非蒙古系의 특색(Negro, 코카사스人 등)을 띠고 있어 이것을 오늘날 中國人의 祖上으로 직접 연결시키기는 곤란하다.

2) 大汶口文化가 仰韶文化·龍山文化와 구별된 獨自文化型으로서 확인된 것은 대채로 1974 년 이후인데, 이 文化型의 설정으로 中國 新石器文化는 西部의 仰韶文化, 東部의 大汶口文化가 並存 발전한 것으로 정리되고 있다.

○ 仰韶文化보다 後期(1960 년 廟底溝 Ⅱ文化의 확인으로 증명)

○ 龍山文化의 分類(河南 龍山文化 ; 仰韶文化에서 발전하여 **殷文化**로 연결, 山東 龍山文化 ; 大汶口에서 발전)

e) 其他 ; 長江下流의 馬家濱文化 등

ㄷ) 中國 新石器文化의 傳統

a) 文化의 主人公(仰韶·大汶口 文化의 主人公은 Austro-Pacific Branch 의 몽고인종)

b) 農耕方式, 穀物의 종류(粟·麥·稻 등)

c) 家畜의 종류(犬·牛·羊 등)

d) 住居形態·建築技術(竪穴居住, 夯土方式)

e) 衣服(麻·絹)

f) 土器形態(靑銅器型의 原型)

g) 原始信仰(占卜·祖上崇拜·自然神)

h) 玉器(玉文化의 傳統)

**4. 靑銅器의 起源**

ㄱ) 殷 이전의 銅

a) 大汶口文化 晩期의 骨器에서 銅痕 확인(銅器 使用을 시사하나 未結論)

b) 仰韶文化의 臨潼 姜寨 遺蹟의 黃銅(銅 65%)

ㄴ) 殷代 靑銅技術의 단계적 발전 확인(早·中·晩期)

ㄷ) 中·西 交通路上의 靑銅器文化[1]

a) Andronovo 文化(B.C. 1500~1200)

b) Seima 文化(B.C. 1600~1300)

c) Karasuk 文化(B.C. 1300~1000)

---

1) 中國 靑銅器文化의 西方轉來說이 증명되려면 中國과 西方交通路에 中國에 선행된 靑銅器文化의 존재가 확인되지 않으면 안된다. 그러나 이 3개 문화는 모두 中國 靑銅器文化보다 시기적으로 후기에 속하며, 특히 Karasuk 文化는 오히려 殷文化의 영향관계가 확인된다.

ㄷ) 靑銅器文化 自生論
　　이 有力

**5. 漢字의 起源**

ㄱ) Babylon 文字의 影
　　響說(甲骨文과 楔型
　　文字의 형태 비교)

ㄴ) 仰韶土器에 나타난
　　刻線符號

ㄷ) 大汶口文化의 陶文
　　字

ㄹ) 殷 中期 靑江 吳城
　　의 陶刻文

ㅁ) 殷 後期의 卜辭(現
　　4000 餘字 확인)

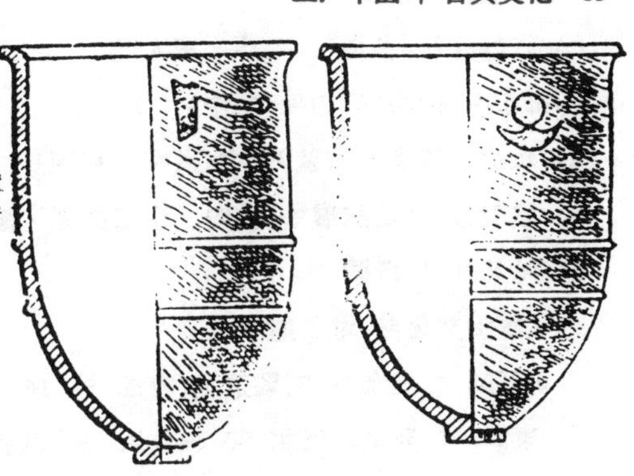

大汶口文化 陶文字

仰韶土器 刻線符號

## Ⅱ. 殷·周의
## 社會와 文化

**1. 殷文化의 展開**
　　(B.C. 1750~1100ca.)

ㄱ) 靑銅器 出現과 그
　　意味

　　a) 族間의 征服·被
　　　 征服(武器)

　　b) 戰士와 貴族層의
　　　 出現(國人과 民)

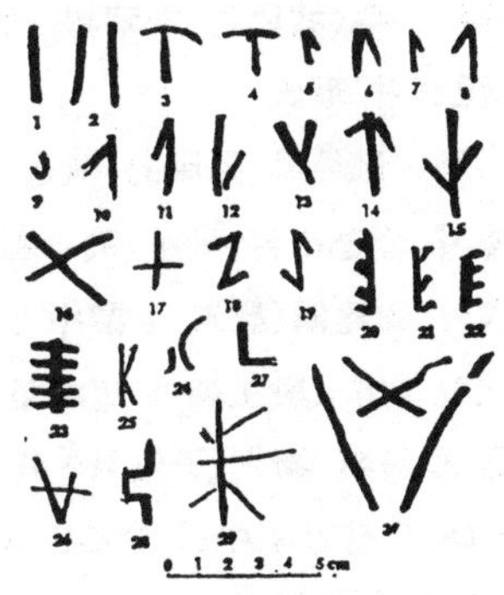

靑江 吳城 陶刻文

  c) 奴隷階級(多量의 殉葬·衆人[1])

ㄴ) 都市의 出現(權力의 集中)

  a) 政治·軍事·宗敎의 中心(宮·宗廟)

  b) 城壁都市(支配層만 城內, 手工業者·農民은 城外 居住)

  c) 대표적인 遺蹟

    o 龍山文化의 城子崖城壁

    o 偃師 二里頭의 宮殿遺址(東西 약 108m, 南北 약 100m의 壇, 東西 약 36m, 東北 약 28m의 宮殿基壇)

    o 殷中期의 鄭州城(4변 약 7,200m, 1萬人의 18년 工程)

    o 安陽 小屯(城壁은 未確認, 殷王朝 最後의 都城)

ㄷ) 王朝體制의 形成

  a) 國·都·鄙邑의 累層的 構造

  b) 王都와 他都市의 관계(例; 鄭州城과 湖北 盤龍城[2])

  c) 殷代의 封建制(殷末 卜辭中의 甸·侯·伯·子·男)

  d) 殷代의 「方」(殷王朝와 일정한 政治關係는 있으나 獨立勢力)

  e) 交易 범위의 擴大(子安貝·錫)

  f) 殷王朝의 범위; 中原 中心, 湖北·江西·安徽·山東·遼東

ㄹ) 神權政治의 發展

  a) 神과 人間의 仲介者로서의 王

    o 殷王朝의 諸神(上帝·四方神·自然神·祖上神)

    o 貞人集團과 王

    o 占卜과 祭祀의 日常化(특히 先王·先妣의 祭祀)

  b) 文字의 發達

    o 卜辭의 機能과 形態(神과의 對話)

    o 史·祝·貞人의 文字 管掌

---

1) 衆人을 당시 奴隸로 보는 說이 한때 유행하였으나, 현재는 점차 부정되는 경향이 있다. 단 이들이 직접 생산자였으며, 전쟁과 각종 공사에 동원된 것은 사실이다.

2) 盤龍城은 鄭州城의 시기와 거의 일치, 특히 그곳의 出土遺物의 성격도 일치하여 兩者의 긴밀한 정치적 관계가 확인된다.

○中國人의　文字崇敬　傳統

c) 天文曆法의　發達

　○天文觀測과　曆製作(太陰曆, 歲末置閏)

　○王權과　曆의　關係(農事曆의　의미보다는　神權의　象徵)

ㅁ) 農業의　發達

a) 生産技術의　發展보다는　勞動의　組織化(대규모의　農地開墾과　生産組織)[1]

b) 卜辭中　豊凶占의　頻出

c) 牧畜과　農業의　比重(多量의　家畜犧牲은　牧畜이　農業과　함께　중요한　經濟임을　示唆)


2. 西周王朝의　發展과　그　遺産[2](B.C. 1100ca.∼771)

ㄱ) 周族의　初期傳承

ㄴ) 文·武王의　殷征伐

a) 天命思想(王權의　正統性)

b) 文王의　受命(文優位의　傳統)

ㄷ) 周公의　活躍(賢相의　典型)

ㄹ) 封建制度

a) 王畿·五服·五等爵制는　後代의　圖式

b) 周初封建의　性格

　○軍事植民

　○旣存勢力과의　聯合

c) 周王과　諸侯의　關係

　○册命·再册命·移封[3]

---

1) 卜辭中　王에　의한　대규모　농지개간 기사도　확인되지만, 특히　多量의　農具가　일괄　출토됨에　따라　權力에　의한　대규모　노동조직체제가　확인된다.
2) 本項은 실제　周王朝의　文物·制度보다는　그것과　관련하여　傳統時代　中國人이　周王朝의　遺産을　어떻게　理想化하였는가를 이해하는 데　초점을　둔다.
3) 周王의　諸侯統制는 강력하여, 특히　초기엔　移封, 領地의　回收도 상당히　행해졌다.

　　　○ 貢納·軍隊 動員

　　　○ 朝覲·巡狩

　　d) 封國內의 秩序(公과 卿·大夫, 采邑, 士)

　　e) 中國史上 封建制의 理念(郡縣制에 대한 批判論理)

ㅁ) 宗法制度

a) 大宗과 小宗(族共同體의 分族關係)

b) 封建制와 宗法制의 結合

c) 宗法制度의 理念(嫡長子相續·親族結合의 原理)

ㅂ) 官僚制度

a) 世襲的 封建家臣

b) 金文에 보이는 官職(司徒·司馬·尹·師 등)

c) 《周禮》와 周代 官僚制度

　　○ 金文中 《周禮》 官職이 다수 확인

　　○ 그러나 周官制 自體는 아님

　　○ 官僚組織에 의한 統治理想이 投影된 것(戰國時代)

ㅅ) 土地制度

a) 王土思想과 土地國有論

b) 井田制問題

　　○ 否定論(孟子 이후의 理想案)

　　○ 肯定論(農村公社·莊園制·奴隷勞動組織 등 다양한 解釋)[1]

c) 傳統時代 井田制의 理念(土地均分)


## Ⅲ. 春秋戰國時代의 社會와 文化


1. 西周王朝의 沒落과 東遷

ㄱ) 西周 封建體制의 矛盾(周王과 諸侯關係의 疏遠, 官僚體制의 미

---

1) 井田制度의 해석 여하에 따라 당시 社會性格도 아시아적 生産樣式, 奴隷制社會, 封建制社會 등으로 상이한 규정을 하게 된다.

성숙)

ㄴ) 異民族 統制弱化(戎・淮夷・玁狁 등)

ㄷ) 夷・厲王期의 혼란과 共和時代(B.C. 841~828)

ㄹ) 幽王의 敗死와 東遷(B.C. 770)


2. 春秋覇者의 出現

ㄱ) 周王의 權威 喪失(鄭莊公의 對抗,[1] 楚의 「問鼎」)

ㄴ) 邊方 諸侯國의 強盛(晋・楚・齊 등)

ㄷ) 會盟秩序와 그 主宰者(覇者;齊桓公・晋文公・宋襄公・楚莊王・
秦穆公・吳夫差・越句踐)

ㄹ) 覇者의 名分과 倫理;尊王攘夷・繼絶存亡(楚・吳・越의 覇業 이
后 喪失)


3. 公室秩序의 崩壊

ㄱ) 公室의 弱化(公과 公子・大夫의 權力鬪爭)

ㄴ) 大夫間의 權力鬪爭(世卿家의 出現)

ㄷ) 世卿家의 政權奪取(晋의 三分, 田齊)

ㄹ) 下剋上의 蔓延(陪臣・家臣의 亂)


4. 戰國國家의 成立과 角逐

ㄱ) 君主 中心의 集權國家(韓・魏・趙・齊・楚・秦・燕)

ㄴ) 城邑封建體制에서 郡縣官僚支配體制로(領土國家의 出現)

ㄷ) 各國의 變法(魏의 李悝, 秦의 商鞅)

ㄹ) 戰爭激化(大規模化, 車戰中心에서 步兵中心으로, 徵兵・常備軍制)

ㅁ) 外交政策(合從・連衡, 遠交近攻策)


5. 經濟의 發展

ㄱ) 農業生産의 發展

---

1) 鄭莊公이 王師에 대항, 桓王을 활로 쏜 사건.

a) 鐵器의 普及(春秋中期 이후)

  ○ 深耕[1]

  ○ 灌漑治水의 本格化(耕地 擴大)

b) 牛耕의 普及

c) 農法의 發達(旱地農法・施肥)

d) 小農耕作의 發達(5 口 1 戶의 標準農家)

ㄴ) 手工業・商業의 發展

a) 官營手工業 組織의 擴大와 獨立手工業의 出現

b) 鹽鐵業・漆器・皮革・金屬・織物 등 각종 手工業의 分化發展

c) 地域的 特産品 生産 發展

d) 交通路의 發達(水・陸)

e) 市場圈의 擴大(國家領域의 擴大, 國境을 초월한 流通圈 成立)

f) 貨幣의 發達;刀錢・布錢・圓錢, 楚의 版金・蟻鼻錢(國境을 넘
  어 流通)

g) 國家의 商業政策(保護, 獎勵와 抑制, 統制・市制의 成立)


**6. 都市의 發達**

ㄱ) 人口의 增加(前漢末 약 6,000 만 人口의 增加 起點)

ㄴ) 都市人口 增加(軍人・官僚・手工業者・商人・游民)

ㄷ) 大都市의 出現(廓의 發展, 齊의 臨淄〔人口 7 萬戶, 3×4 km〕, 燕
  下都 6.5×5 km)

ㄹ) 都市의 性格 變化(政治・軍事 중심에서 經濟中心地 機能이 첨가)


**7. 社會의 變化**

ㄱ) 氏族共同體의 解體(家單位의 社會)

ㄴ) 國家秩序와 家族秩序의 衝突 및 調和

---

1) 黃土地帶의 특징은 黃土 堆積過程에서 地層에 毛細管이 형성, 이것은 土中의 鹽分을
地表로 끌어올리는 역할과 水分을 地下로 급속히 증발시키는 역할을 동시에 한다. 따라
서 土壤의 알카리化 및 水分保持를 위해서 모세관의 파괴가 필수조건인데, 鐵器農具에
의한 深耕이 이것을 충족시킴으로써 농업조건이 크게 개선되었다.

ㄷ) 身分秩序의　再編成

　　a) 舊貴族層의　沒落

　　b) 官僚·士人層의　形成

　　c) 百姓·齊民層의　形成(國人과　民의　差異　消滅)

　　d) 新爵制(軍功·納粟)


8. 새로운　國家와　齊民生活

ㄱ) 成文法의　整備(鄭子産의　刑書, 晋의　刑書, 魏의　法經, 秦律)

ㄴ) 官僚·行政　制度의　發展

ㄷ) 授田政策의　施行(三晋　및　秦에서　확인)

ㄹ) 收取體系의　變化·整備(實物租稅·戶賦·人頭稅·徭役體系)

ㅁ) 齊民生活의　統制(集住[1]·里共同體·什伍組織·亡命禁止·施行制

　　限·生産督勵)

ㅂ) 齊民生活의　困窮(만성적인　赤字,[2]　流民·盜賊의　發生)

ㅅ) 齊民의　沒落과　豪民層의　成長


9. 學問과　藝術의　發達

ㄱ) 官僚需要　增大와　士人優待

ㄴ) 學問·知識의　開放(王官·貴族의　學에서　私人의　學으로)

　　a) 私學의　學團　盛行

　　b) 國家의　學者招致(齊　湣王·宣王時의　稷下門學士)

ㄷ) 古文體의　確立(諸子書의　散文體, 知識의　公開, 著述과　관련)

ㄹ) 自然科學의　發達(醫學·天文學·光學·數學·力學·建築學)

ㅁ) 文學(楚辭文學)·音樂·工藝의　發達


10. 中國史上　春秋戰國時代의　位置

ㄱ) 中國傳統　原型의　確立期

---

1) 郡縣制로　再編되는　과정에서　분산된　小共同體를　縣城　중심으로　移住.
2)《漢書》食貨志는　戰國時代　100畝　保有　5口　農家의　年間　收入·支出을　적기하면서　항
　　상　赤字를　보고하고　있다.

ㄴ) 時代區分上의  論爭

　　a) 領主的  封建制에서  集權的  封建制度의  移行論

　　b) 古代의  終末,  封建制社會의  起點論

# 三. 諸子百家의 思想

## Ⅰ. 總　論

**1.** 諸子學 發展의 背景——前章에서 설명한 諸變化

**2.** 諸子學의 分類
　儒·墨·法·道·陰陽·農·縱橫·名·兵·小說·雜家

**3.** 諸子思想 理解의 視角
ㄱ) 古典敎養으로서의 知識
ㄴ) 中國思想中 諸子思想의 位置 把握
ㄷ) 西歐 思想과 哲學의 概念·圖式에 의한 理解
ㄹ) 思想 自體의 永續的 價値와 實踐精神을 探究
ㅁ) 思想 成立 背景의 分析
　a) 原始文化 이래의 觀念·傳統과의 關係
　b) 地理環境과 思想의 特色
　c) 學派別 階層分析
　d) 時代精神과 論理(包括的 理解)

**4.** 諸子思想의 共通的 特色
ㄱ) 政治·倫理 등 現實的 問題에 關心 集中(形而上學的인 宇宙와 人
　間의 問題에는 疏忽)

ㄴ) 事物의 客觀化, 本性·屬性의 探究

  a) 人間中心 思想

    ㅇ 天道와 人道의 區分

    ㅇ 鬼神·魔力·呪術의 克服

    ㅇ 宿命論의 否定

    ㅇ 自然의 積極的 利用

    ㅇ 天의 概念變化(理法·自然·天空)

    ㅇ 그러나 個人主義보다는 集團意志를 强調

  b) 知識·技能의 尊重

    ㅇ 知識의 整理·體系化

    ㅇ 論理學에의 關心

    ㅇ 知識의 傳授·公開·敎育을 重視

ㄷ) 調和·安定의 追求

  a) 反戰·平和思想

  b) 劃一的 統一 主張(思想·風俗·政治秩序)

  c) 觀念的 同質意識(不同의 同)

  d) 部分과 全體의 調和(分裂·對立을 反對)

ㄹ) 論理展開의 方式

  a) 對話體

  b) 故事·寓話의 引用

  c) 立說의 根據를 古帝王에 假託[1](權威主義)

ㅁ) 理想的인 社會·政治 秩序 追求

  a) 天下統一 希求

    ㅇ 天下觀의 形成(中國的 文化價値가 구현된 不可分의 實體)

    ㅇ 王者에의 期待

  b)「公天下」의 理想

---

1) 儒家의 堯·舜·文王·武王·周公, 墨家의 禹王, 道家의 黃帝, 農家의 神農 등(다만 法家만은 例外).

○《禮記》禮運篇의　大同思想[1]

○尙賢尙德(君主・官僚의　資格，身分世襲　反對，禪讓，革命)

○恣意的　支配反對(法治・禮治・無爲政治)

○權力集中　反對(宰相政治・官僚政治・衆論尊重，封建論)

○貧富格差　反對(「均分」・惠施・救恤・共產，大富抑制，小農民安定，農本抑商)

○爲民・民本　政治(民을 위한　政治，輕稅，人民役使의　限界，　民主政治와의　差)

○君主　私生活의　節制(奉仕者로서의　君主，儉素)

○「公天下」理想의　현실적　演用(君主・官僚・士大夫의　입장，民衆의　太平理想)


## Ⅱ. 主要學派의　思想(Ⅰ)

**1. 儒家思想**

ㄱ) 孔子(B.C. 551~479)[2]

  a) 孔子의　家系・生涯

  b) 古典　整理와　敎育

  c)「從周」와「正名」

  d) 仁과　禮

  e) 孝悌・忠恕

  f)「有敎無類」와　君子・小人

  g) 中國史上　孔子의　地位

ㄴ) 孟子(B.C. 390~305)

  a) 孟子의　時代와　生涯

---

1) 大道之行也　天下爲公　選賢與能　講信脩睦　故人不獨親其親　不獨子其子　使老有所終　壯有所用　幼有所長　矜寡孤獨　廢疾者皆有所養　男有分　女有歸　貨惡其弃於地也　不必藏於己　力惡不出於其身也　不必爲己　是故謀閉而不興　盜竊亂賊而不作　故外戶而不閉　是謂大同

2) 本章의　諸子　生卒年代는 모두　錢穆，《先秦諸子繫年》(1956, Hong Kong)에　의거한　것이다.

b) 性善說

c) 利欲否定과 仁義

d) 「不忍之心」과 推恩

e) 天命思想과 王道政治

f) 民本·愛民 思想

g) 革命·放伐論

h) 分業論과 「勞心者」·「勞力者」의 區分

ㄷ) 荀子(B.C. 340～245)

a) 荀子의 時代와 生涯

b) 性惡說

c) 敎育과 敎師의 役割 强調

d) 國家·社會의 起源論

e) 禮의 起源과 禮治(人治)論

f) 「天人之分」과 合理主義

g) 荀子思想의 法家的 要素

h) 儒家에서의 荀子 位置(특히 漢初 儒家와의 關係)

ㄹ) 儒家經典의 成立

a) 詩·書·春秋·禮

b) 易과 儒家의 關係

c) 四書의 初期位置와 經典化 過程

ㅁ) 儒家思想의 特色

a) 保守性과 革命性(傳統과 理想)

b) 家族·鄕黨秩序 尊重(孝悌와 忠)

c) 尙賢과 「親親尊尊」

d) 禮樂과 敎化

e) 修己·齊家·治國·平天下

f) 人治之義

g) 知識·文化主義

h)「守分」과　身分秩序


**2. 墨家思想**

ㄱ) 墨翟(B.C. 480~390)의　生涯

ㄴ) 墨家集團의　性格과　活動

　　a) 守禦集團(春秋末　小國의　守城)

　　b) 手工業者　組織

　　c) 鉅子의　集團統制

ㄷ) 墨家의　儒家批判과　思想的　特色

　　a) 兼愛(儒家의　差等愛　批判)

　　b) 交相利(儒家의　利欲否定　批判)

　　c) 非攻(反戰・平和思想)

　　d) 非樂・節葬・節用(支配層의　奢侈・繁文縟禮　反對，　勞動과　生產
　　　　重視，儉素　强調)

　　e) 尚同(權威主義的　下向式　統制)

　　f) 聖人觀(天下를　위한「興利除害」의　實踐者，禹王을　理想化)

　　g) 非命(宿命論의　否定)

　　h) 天志・明鬼篇의　意味[1]

ㄹ) 他學派의　墨家　批判

　　a) 身分・階層　秩序의　破壞者(「無父無君」)

　　b) 지나친　嚴格性(實行難)

ㅁ) 後期墨家의　向方

　　a) 學派의　分裂(相里氏・相夫氏・鄧陵氏)

　　b) 別墨(名家로　發展)

---

1) 墨家思想은 非命篇에서 철저히 宿命論을 부정하고 있으나 天志篇에서는 天을 의지적
인 존재로서 人間行爲에 직접 賞罰을 행사하는 존재로 주장하고 明鬼篇에서는 鬼神의
존재를 증명하고 있어 일견 모순된 입장을 보이고 있다. 그러나 이것은 人間에 대한
超越存在의 지배라기보다는 윤리적 행위의 究極的인 보증을 위한 논리상의 문제로 해
석하는 견해가 지배적이다.

c) 秦墨(法家와의 關係)

d) 漢初 儒墨의 并稱[1]

e) 學派로서의 存在 消滅

f) 墨俠과 任俠

## Ⅲ. 主要學派의 思想(Ⅱ)

**1. 法家思想**

ㄱ) 法家思想의 特色

a) 思想보다는 政治·行政 技術

b) 政治와 道德의 區分

c) 政治·行政의 客觀的 基準으로서 法을 强調(그러나 法과 統治의
合理的 根據는 不問)

d) 國家權力과 君主의 一致(君權絕對化)

e) 「排私」·「利公」(傳統·慣習·家族·交友關係 否定,  國家·君主
에 服務)

f) 性惡, 自私自利의 人間觀

g) 社會·政治 關係를 힘의 强弱, 打算的 關係로 把握(人間의 情愛
否定)

h) 信賞必罰·嚴刑主義

i) 時變의 認識(變法·改革의 論理)

j) 獨善的 Elitism 과 愚民政治(私學의 禁〃, 政治批判 禁止)

k) 農戰의 民을 養成(富國强兵策)

ㄴ) 法家理論의 要素

a) 申不害(B.C. 400~337)의 「術」(「刑名參同」, 君主의 官僚統御術,
官僚制度의 運營原理)

b) 商鞅(B.C. 390~338)의 法(統治의 客觀性, 民의 統治手段, 法

---

1) 儒墨의 并稱은 단순한 兩學派의 竝立이 아니라 儒家에 의한 墨家의 흡수로 보고 있다.

適用의 無差別, 法의 公布와 尊守 要求)

c) 愼到(B.C. 350〜275)의 「勢」(君主의 地位 自體가 權威의 根據,
君主의 賢能·道德性은 不問, 聖人君主觀 否定)

d) 韓非子(B.C. 280〜233)의 「帝王之學」(「術」·「法」·「勢」의 綜合,
法家思想의 集大成)

ㄷ) 法家와 道家의 結合

a) 「道」에 의한 「法」의 根據 設定

b) 君主의 「無爲」와 法治·官僚制度

c) 君主權의 神秘化(道家의 眞人)

d) 黃老術[1]

ㄹ) 法家思想과 中國政治

a) 商鞅과 秦의 政治

b) 李斯와 秦始皇

c) 秦漢 이후 政治制度와 法家思想


## 2. 道家思想

ㄱ) 老子說話와 道家 成立時期

a) 老子의 孔子 同時說話

b) 「老子」·「莊子」는 戰國末의 思想

ㄴ) 道家思想의 多元性·複合性

a) 道家思想의 兩面性(目的指向的·思辨的)

b) 文明批判的 自然主義(儒·法 批判)

c) 避世隱遁哲學(「全性保眞」·快樂主義·唯我主義)

d) 處世術

e) 神仙思想(동시에 死生齊一觀이 並存)

---

1) 道法의 結合은 특히 「無爲」와 「術」의 결합에서 현저한데, 《韓非子》의 解老篇·喩老篇
(老子의 法家的 해석) 및 1972년 馬王堆漢墓에서 발견된 「皇帝四經」이 그 결합의 성격
과 형태를 잘 보이고 있으며, 漢初에 유행한 黃老思想이란 바로 이러한 道·法의 결합
으로 이해해야 한다.

   f) 神秘主義와 君主統治術(帝王의 「無爲」와 被治者의 「無爲」, 政治
      에의 無關心)

ㄷ) 道家의 思想的 貢獻

   a)「道」의 發見(萬物 生成의 根源, 宇宙秩序의 原理)

   b) 價値의 相對性 認識과 超價値 追求

   c) 逆說의 論理

   d) 萬物變轉과 矛盾律 認識

ㄹ)「老子」思想

   a) 目的指向的 帝王統治術의 性格

   b)「無爲自然」「淸淨」(그러나 「無爲而無不爲」를 目的)

   c)「絕聖棄智」(恣意·偏見을 反對, 동시에 沒我的 個人, 愚民化의
      論理)

   d)「小國寡民」의 理想(孤立分散된 社會를 君主가 支配, 支配를 의
      식하지 않는 支配를 貫徹)

ㅁ)「莊子」思想

   a) 思辨的 性格이 강함

   b) 安心立命과 超俗

   c) 自然과의 神秘的 合一(眞人)

   d) 是非判斷의 超越

   e) 萬物齊一(齊物論)

ㅂ) 道家와 道敎의 區分[1]

3. 其他思想

ㄱ) 名家의 論理學

   a) 公孫龍(B.C. 325~250)의 「堅白同異」論

   b) 惠施의 「厤物之意」[2]

---

1) 道敎는 물론 道家思想과 밀접한 관계가 있지만, 兩者의 근본적인 차이는 前者가 「有」
의 思想이라면 後者는 「無」의 思想인 점일 것이다.

2)《莊子》天下篇에 소개된 「厤物十事」 및 「辨者二十事」는 대체로 時空의 相對性, 事物
形象의 相對性, 異物의 本質的 同一性 등을 증명하기 위한 論題다(例 「卵有毛」, 「無厚
不可積 其大千里」, 「今日適越而昔來」).

  c) 희랍 詭辯哲學과 對比

ㄴ) 鄒衍의 五德終始說과 大九州說

ㄷ) 許行의 君民共耕論(社會分業을 反對)

# 四. 秦·漢 帝國


## Ⅰ. 皇帝支配體制의 成立


**1. 秦·漢 帝國의 時代**

ㄱ) 秦의 六國統一(B.C. 221)

ㄴ) 秦末의 農民反亂

ㄷ) 楚·漢의 爭覇

ㄹ) 前漢帝國(B.C. 206~A.D. 8)

ㅁ) 王莽의 新王朝(A.D. 8~23)

ㅂ) 後漢帝國(A.D. 25~220)


**2. 「皇帝」稱號의 制定과 그 意味**

ㄱ) 「皇帝」의 語義와 性格(三皇과 五帝의 權威를 兼)

ㄴ) 泰山封禪

ㄷ) 郊祀(祭天地는 皇帝만의 特權)

ㄹ) 君主의 神格化(地上의 神)


**3. 皇帝의 齊民支配**

ㄱ) 豪族抑制와 小農民保護

  a) 强幹弱枝政策

    ㅇ秦의 六國貴族 遷徙(咸陽 등으로)

    ㅇ漢代의 陵邑徙民

　ㅇ京畿의　强化(三輔의　設定)

b)　貧民·流民의　安定策(公田假與)

c)　酷吏의　豪族　彈壓

ㄴ)　民爵制度

a)　二十等爵中 8級까지　民爵

b)　民爵의　現實的　機能(減刑, 그러나　具體的　機能은　不明)

c)　皇帝와　民의　禮的　關係　設定


4.　郡縣制度의　確立

ㄱ)　秦의　全國的　郡縣制　施行

ㄴ)　漢初의　郡國制度

ㄷ)　王國抑損策과　吳楚七國亂

ㄹ)　武帝　이후　王國의　實質的　郡縣化


5.　中央集權的　官僚制度

ㄱ)　中央官僚組織(丞相·太尉·御史大夫　이하　九卿)

ㄴ)　地方制度

a)　郡(太守)·國(相)—縣(令·長)—鄕—里

b)　鄕官(三老·嗇夫·游徼)

c)　郵·亭

d)　上計制度·考課

ㄷ)　集議制度(政策　決定過程의　合議)

a)　庭議·公卿議·有司議

b)　參加範圍(대체로 2千石 이상, 列侯·關係官 및　博士·議郎·諫
　　大夫)

ㄹ)　官僚選拔制度

a)　任用의　制限(財産 10金 또는　4金 이상에　限, 市籍商賈도　원칙
　　상　不許)

b) 選拔方法(任子·訾選·茂材·孝廉·賢良文學·辟召·博士弟子 등)


**6. 官僚制度의 特色**

ㄱ) 二重構造

  a) 郡·國(封建制와 郡縣制)

  b) 郡縣鄕里 系統과 州·亭·郵 系統

  c) 帝室財政과 國家財政의 二元化(大司農과 少府)

  d) 內朝·外朝[1](武帝 이후 內朝의 權力强化, 丞相職의 變化, 領尙書事의 權限)

ㄴ) 監察制度의 發達(御史大夫·州刺史·司隷校尉·丞相司直·上級官의 監督)

ㄷ) 中央官僚의 皇帝家臣的 性格

ㄹ) 皇帝와 官僚의 個人的 結合(郎官의 性格)[2]

ㅁ) 官長과 屬吏의 私的關係(故吏)

ㅂ) 文書行政의 發達[3]

ㅅ) 司法과 行政의 未分


**7. 經濟·財政 政策**

ㄱ) 重農抑商策

ㄴ) 鹽鐵專賣·均輸·平準法

ㄷ) 貨幣鑄造權의 獨占

ㄹ) 山林藪澤의 國家 獨占


**8. 外戚·宦官과 皇帝政治**

ㄱ) 皇帝와 官僚集團의 緊張關係

---

1) 內朝는 皇帝側近의 祕書的 性格, 外朝는 丞相 이하의 官僚機構.

2) 郎官이 皇帝의 宿衛와 祕書 任務를 주로 수행, 대부분의 관료가 처음 이것을 거쳐서 官界로 진출, 이것은 官僚와 皇帝의 個人的 유대관계를 맺는 기능으로 해석된다.

3) 현재 발견되고 있는 西北 邊境地帶의 당시 行政文書는 文書行政이 고도로 발달하였음을 잘 보여준다.

ㄴ) 宗室의  政治疏外

ㄷ) 太后·皇后地位(統治에  參與)

ㄹ) 皇帝權力의  絕對化와  皇帝親政의  弱化(年少·無能)

ㅁ) 官僚·外戚·宦官의  三角關係


**9. 中國 中心의  東아시아  秩序**

ㄱ) 中國의  周邊民族(匈奴·西域·越南·朝鮮·倭)

ㄴ) 交易·朝貢·册封(政治的  求心點)

ㄷ) 中國文化의  傳播(文化的  求心點)

ㄹ) 中國文化의  同化力(中國文化圈  形成限界와  關聯  그  限界를  檢討)


# Ⅱ. 儒教理念의  定立


**1. 秦의  法術主義**

ㄱ) 戰國時代  法家의  活躍

ㄴ) 秦帝國의  法術主義와  그  限界

ㄷ) 秦代의  儒生(焚書坑儒)


**2. 漢初의  黃老政治**

ㄱ) 秦政治에  대한  批判

ㄴ) 功臣集團과  黃老政治

ㄷ) 黃老政治의  意味와  限界(「與民休息」과 現狀固定)


**3. 前漢皇帝의  儒教觀과  儒教運動**

ㄱ) 高祖와  儒生(楚와  競爭時期,  叔孫通의  制禮,  陸賈의  名言)[1]

ㄴ) 文帝時의  改制運動(賈誼의  治安策,  過秦論)[2]

---

1) 「居馬上得之(天下) 寧可以馬上治之乎」
2) 漢初 秦亡의  敎訓에 따라 德治·儒教政治의  필요성을 강조한 주장 중에서 대표적인 論
   說이다.

ㄷ) 武帝初 儒家運動의 挫折(竇太后의 反對)

ㄹ) 武帝의 儒教政策

  a) 武帝의 儒教에 대한 關心(「內法外儒」)

  b) 太學·博士官(經典專業) 設置

  c) 武帝의 「儒教國教化政策」이란 通說의 批判[1]

ㅁ) 昭帝時 鹽鐵會議(賢良文學의 武帝政治 批判)

ㅂ) 宣帝의 王覇雜道(漢家의 法道)

ㅅ) 元帝 이후 儒家理念의 具現

  a) 儒家官僚의 大擧 進出

  b) 郡國廟 廢止(民의 皇帝祭祀는 儒家의 非血緣者에 대한 祭祀反對 原則과 衝突)

  c) 陵邑 徙民의 抛棄(徙民은 宗族의 離散, 祖上 墳墓와의 絕緣을 招來)

  d) 郊祀制·天子七廟制·明堂建設(儒家儀禮의 貫徹)

  e) 父子·祖孫의 犯罪隱匿 許用(家族秩序 保護·容認)

  f) 太學의 擴張과 通經者에 대한 徭役免除

  g) 儒教倫理 實踐 獎勵(例, 三年喪)

  h) 後漢의 禮教主義社會

**4. 儒家 勝利의 原因**

ㄱ) 折衷性과 包容性(他學派를 吸收)

ㄴ) 理想主義와 現實主義의 並存

ㄷ) 經典 自體가 傳統文化의 集成(學問과 儒學의 等致)

ㄹ) 實際政治의 根據基準을 提供(「經義斷事」「春秋斷獄」)

ㅁ) 皇帝支配體制의 理念的 保證

  a) 皇帝權의 正統性(天命·聖人)

---

1) 종래 武帝가 董仲舒의 건의에 따라 儒教를 國教로 채택하였다는 것이 通說처럼 되었지만, 武帝의 對儒政策이나 당시 官僚의 구성, 실제 정치로 볼 때 이 通說은 수정되어야 될 것 같으며, 적어도 元帝 이후 儒教가 지배적인 위치를 점하는 것 같다.

b) 皇帝權威를　粉飾(儀禮化)

c) 官僚・士大夫의　權益과　特權을　保障(治者・被治者의　身分論，君臣關係)

d) 支配關係의　道德的　合理化

e) 儒家倫理와　社會慣行의　接合(孝悌와　家族・鄕黨秩序)


**5. 漢代 儒家의　特色**

ㄱ) 原始儒家의　變化(忠의　概念，　陰陽五行說・法家・墨家　등을　折衷收容)

ㄴ) 公羊學의　發展(董仲舒・何休)

　a)「天人相應」

　b) 災異思想(災異思想과　漢代政治의　關係)

　c) 漢帝國의　正統性理論

ㄷ) 圖讖・讖緯說의　盛行

　a) 圖讖의　起源과　盛行(前漢末　王莽・後漢　光武帝)

　b) 緯書의　盛行(孔子에　假託된　災異讖書　性格，漢帝國　存續의　理論)

　c) 白虎觀會議[1]와　經義統一(緯書의　論理가　많이　採擇)

　d) 反讖緯・反災異思想(王充의《論衡》)

ㄹ) 今文學과　古文學

　a) 今・古文學의　概念

　b) 古文學　出現의　背景과　過程(前漢末　劉歆의　役割)

　c) 今・古文學의　差異

　　ㅇ《公羊傳》・《禮記》와《左傳》・《周禮》

　　ㅇ章句學과　訓詁學


**6. 儒敎秩序의　限界**

ㄱ) 政治制度上의　限界(法家理論　중심의　制度와　그　運營)

---

1) 後漢　章帝時(A.D. 79) 經典解釋의　異說을　통일하기　위해　宮中의　白虎觀으로　諸儒를　招致하여　열린　會議.

ㄴ) 士大夫・官僚社會와 庶民生活의 二元性(儒敎倫理와 庶民生活)

ㄷ) 家族倫理와 家族關係法(賣妻子 容認, 典妻 容認과 親子 歸屬問題)

ㄹ) 과연 中國은 儒敎社會인가?


## Ⅲ. 漢代의 民間秩序


**1. 民間秩序의 槪念과 成立 背景**

ㄱ) 槪念 ; 法令이 요구하는 國家秩序와 유리된 現實秩序

ㄴ) 成立背景

  a) 國家權力 貫徹의 現實的 限界

  b) 法과 社會的 慣行・道德의 葛藤


**2. 父老層의 鄕里秩序**

ㄱ) 鄕里共同體의 指導者로서의 父老

  a) 父老・子弟의 關係

  b) 農業生産過程의 共同規制

  c) 鄕里敎化・輿論中心・分爭調整

ㄴ) 國家權力의 鄕里浸透의 接合點

  a) 鄕里行政의 補助(徵稅・治安)

  b) 三老의 設置(官과 民의 接合)


**3. 任俠集團**

ㄱ) 任俠의 起源(齊民支配體制의 矛盾, 游民・亡命者의 存在)

ㄴ) 任俠的 人的 結合

  a) 災厄・困境의 私的 救濟(특히 亡命・犯法者의 保護)

  b) 구체적인 恩惠關係를 媒介로 한 心情的 結合

  c) 任俠之士의 長者的 人格

ㄷ) 任俠集團의 反國家的 性格(「以武亂法」)

ㄹ) 任俠集團의　社會的　機能(國家秩序　外廓에서　現實生活의　調整·規
　制者)

ㅁ) 任俠에　대한　國家의　彈壓

ㅂ) 任俠과　大商人·權家와의　結託(私的　利害의　相互保障)


**4. 豪族社會의　成長**

ㄱ) 授田體制의　崩壞와　小農民의　沒落

ㄴ) 大土地所有制의　發達

　a) 田租(收穫의　1/30)와　佃作料(1/2～2/3)의　差額

　b) 大土地　經營方法(下戶·傭客)

ㄷ) 宗黨·客의　結合(任俠的　結合)

ㄴ) 豪族의　鄉里支配

　a) 經濟的　優越性·宗黨結合에　의한　실질적인　支配

　b) 地方輿論의　掌握(鄉論規制)

　c) 豪族의　倫理(自己節制; 惠施·「望」·人格的　支配의　形式)

　d) 戰亂時　自衛集團　組織(聚·堡　등)

ㅁ) 豪族의　官界　進出

　a) 地方行政　機構　掌握(屬吏)

　b) 中央官界　進出(選擧獨占, 累世高官)

ㅂ) 國家의　對豪族政策(抑壓과　妥協)


**5. 逸　民**

ㄱ) 逸民의　概念과　傳統

　a) 春秋戰國時代의　隱逸之士

　b) 王朝國家體制의　參與　拒否

　c) 獨自的　價值觀에　의한　生活

　d) 道家思想的　傾向

ㄴ) 逸民의　政治的　意味(소극적인　反專制)

ㄷ) 逸民에 대한 社會的 評價

  a) 儒家는 肯定的(「不臣之民」으로서 認定)

  b) 法家는 철저한 否定(「不逞之民」)

  c) 民衆과 士大夫의 尊敬對象


## 6. 後漢末 清流派運動

ㄱ) 豪族社會의 橫的 結合(「交友」秩序)

ㄴ) 鄕論의 重層的 構造와 淸議(人物評)

ㄷ) 「交友」의 擴大·組織化

  a) 縣·郡·州·京師(太學生·名士)로 연결된 結合

  b) 天下名士와 「登龍門」

  c) 門生·故吏集團

  d) 黨人의 形成(皇帝支配體制의 禁忌)

ㄹ) 外戚·宦官政治의 批判과 抵抗(鄕論의 支持와 國家의 彈壓)

ㅁ) 國家體制와 豪族社會의 游離 深化


## 7. 民間信仰과 道敎運動

ㄱ) 巫·術士와 民衆生活

ㄴ) 道敎敎團의 成立(太平道·五斗米敎)

ㄷ) 民間信仰과 農民叛亂(黃巾起義)


## 8. 民間秩序와 魏晉南北朝에의 展望

  a) 門閥貴族社會의 成立基盤

  b) 逸民的 氣風의 盛行

  c) 任俠集團의 消滅과 貴族社會

  d) 禮敎主義의 後退와 老莊思想·道敎·佛敎의 發展

# 五. 南北朝·隋唐 時代

## Ⅰ. 胡·漢 體制의 成立

**1. 漢的 世界帝國의 破綻과 新時代의 展開**

ㄱ) 後漢末의 混亂과 三國의 分立

  a) 黃巾의 亂(184)과 群雄의 出現

  b) 三國時代(220〜280) 魏·蜀·吳;《三國志》의 世界

ㄴ) 西晉의 短期統一과 北方民族의 浸透

  a) 五胡族(匈奴·羯·鮮卑·氐·羌)의 內遷

  b) 西晉末의 政治混亂과 八王의 亂

ㄷ) 「十六國」時期의 五胡族 割據政權과 東晉

  a) 十六國의 興亡

  b) 北方世族의 南渡와 東晉의 建立(317)

ㄹ) 南朝(宋·齊·梁·陳)

  a) 宋(420〜479)의 建國과 北强南弱 形勢의 形成

  b) 宋·齊(479〜502)·梁(502〜557) 政權의 交替

  c) 侯景의 亂과 南朝의 終焉

ㅁ) 北朝·北方民族의 融合過程

  a) 拓跋族의 華北統一(439)

  b) 北魏國家의 諸段階

  c) 東晉 二重政權;東魏(北齊), 西魏(北周)

  d) 北周의 華北 再統一(577)

## 2. 胡·漢 二重體制

ㄱ) 十六國의 國家構造

　a) 南匈奴의 自立(前·後趙)과 胡·漢 二重體制의 指向

　b) 慕容·氐·羌 諸國家의 構造(部族的 軍事封建制)

　c) 部族體制 克服의 失敗(五胡 諸國家의 限界)

ㄴ) 胡族政權의 漢化政策

　a) 部落解散과 徙民政策

　b) 漢人貴族의 胡族支配에의 對應(崔浩의 國史事件)

　c) 孝文帝의 漢化政策(洛陽遷都·姓族詳定)

ㄷ) 胡·漢 體制의 成立

　a) 拓跋族의 不滿과 鎭民의 叛亂[1]

　b) 北齊에서의 胡·漢 權貴의 爭鬪

　c) 「關隴集團」의 形成(胡·漢 混血, 隋·唐朝 支配集團)

ㄹ) 胡·漢 結合의 新國家

　a) 北周의 華北統一(577)

　b) 隋朝의 中國統一(589)


## 3. 唐的 世界帝國의 形成과 構造

ㄱ) 唐朝의 成立과 그 變遷

　a) 隋末의 叛亂(楊玄感·李密·李淵)

　b) 唐太宗과 그의 官僚(房玄齡·杜如晦 등 18 學士);貞觀의 治

　c) 則天武后의 登場;女帝의 出現

　d) 安史의 亂(755~763)과 藩鎭體制의 展開

　e) 黃巢의 亂(875)과 唐朝의 滅亡(907)

ㄴ) 世界帝國의 構造

---

1) 孝文帝의 洛陽遷都와 漢化政策의 실시로 鮮卑系 軍士에 대한 대우가 소홀해지고 仕官의 길마저 봉쇄되는 등의 身分的 차별대우까지 받게 되자 이에 반기를 들었던 北方 長城 지대 즉 國防의 第一線에 배치된 北鎭, 그중 沃野·懷朔·武川등 6 鎭을 중심으로 524년 北魏帝國의 붕괴를 가져온 大叛亂을 일으켰다.

a) 唐帝國의 世界性과 征服活動(突厥·薛延陀·契丹·靺鞨·高句麗)

b) 東아시아 世界의 構成(羈縻州·册封·律令·佛敎·漢字)

c) 國際貿易의 繁盛과 異國文物의 流入(西方宗敎의 流入, 敦煌 胡風)

d) 外國人의 活躍(新羅;崔致遠, 越南;姜公輔, 日本;阿倍仲麻呂 등)

## Ⅱ. 貴族制와 律令體制[1]

**1. 貴族制社會의 形成과 構造**

ㄱ) 貴族의 源流

  a) 淸流派 豪族運動(後漢末)

  b) 淸議와 鄕論

  c) 三國政權의 主導勢力

ㄴ) 貴族制와 九品官人法

  a) 九品官人法의 成立 背景

    o 漢·魏 官僚群의 統合

    o 鄕村秩序 破壞와 中央貴族化

  b) 鄕品과 官品(鄕品과 起家官의 關係)

  c) 門閥貴族의 登場

    o「上品無寒門, 下品無世族」,「上車不落則著作, 體中何如則秘書」

    o 門地二品의 등장

  d) 淸要職(秘書郎·著作郎 등)의 發達

ㄷ) 貴族의 性格

  a) 皇帝와 貴族과의 關係

    o 번잡한 禪讓劇

    o 貴族의 超王朝的 性格(宋文帝와 王球, 齊武帝와 江斅)

---

1) 中國에 있어서 律令은 春秋時代 이래 政治制度와 人民統治를 규정하는 法令으로서 제정 운용되어 왔다. 특히 唐代는 前代와는 달려 정치 사회 각 부분이 律令에 의해 비교적 치밀하게 조직되었던 시대이다. 그러나 日本에서처럼 律令의 존재가 시대를 구획하는 명칭으로 사용되는 것은 아니다.

  b) 經濟的 基盤(莊園)

  c) 貴族의 條件(學問의 兼備와 官職)

  d) 豪族과 貴族의 差異

ㄹ) 貴族制의 變質

  a) 南朝；僑姓貴族의 政治權力 喪失과 侯景의 亂(貴族의 政治的 無
     關心과 寒門・寒人의 登場)

  b) 北朝；門閥優位 政策에서 賢才優位 政策으로(科擧制의 出現)

  c) 唐初貴族의 獨自性 弱化

     ○ 貞觀氏族志

     ○ 貴族의 律令體制 順應

     ○ 濫官의 盛行과 新興官僚의 登場


2. 律令體制의 成立과 그 性格

ㄱ) 律令官制의 形成과 構造

  a) 律令體制의 概念(律・令・格・式)

  b) 律令官制의 特質

     ○ 律令과 皇帝權(皇帝自爲性의 制約)

     ○ 隋・唐 律令의 特色(良賤・尊卑長幼・行政法)

  c) 律令官制의 構造

     ○ 官品・官職・官制의 運用

     ○ 三省・六部制

ㄴ) 科擧制의 成立과 發達

  a) 科擧制 成立의 意義

  b) 科擧制의 科目(明經科・進士科,「三十老明經 五十少進士」)

  c) 科擧制度의 機能

     ○ 山東貴族의 科擧官僚 指向(關隴集團의 官職 獨占과 新興官僚의
        參與)

     ○ 新興官僚의 擡頭

ㄷ) 均田制의　展開

  a) 屯田制(曹魏)

  b) 占課田制(西晋　鄉村農業의　安定)

  c) 均田制의　成立

    ㅇ均田思想

    ㅇ均田制와　三長制

    ㅇ均田法體系의　變遷과　그　實態[1](北魏·北齊·隋·唐)

    ㅇ均田制下의　收取體系；租庸調制[2]

ㄹ) 府兵制의　成立과　變遷

  a) 府兵制의　成立過程

    ㅇ西魏·北周의　兵制(24軍·軍戶鄕兵)

    ㅇ隋의　衛府制

    ㅇ唐的　府兵制의　再建

  b) 府兵制의　特徵

    ㅇ丁對象　皆兵主義

    ㅇ兵農一致

    ㅇ本籍地主義

    ㅇ折衝府　西北方　偏在

    ㅇ中央集權的　民兵制

ㅁ) 律令體制의　崩壞

---

1) 北魏　孝文帝　때(485)부터 시행,　당시의　給田規定은　唐의　口分田에　해당하는　露田(正田)은　丁男에　40畝,　丁妻에　20畝가　급전되고,　私賤人인　奴·婢에도　良人과　같이　給田되었으며,　耕牛에도　1頭當　30畝가　급전되었다.　唐의　永業田에　해당되는　桑田은　丁男과　奴(婢는　없다)에　20畝,　桑의　不適地에는　麻田을　丁男과　奴에　10畝,　丁妻·婢에　5畝가　급전되었다.　北魏의　제도는　奴婢·耕牛의　露田支給이　특색이다.　이것은　北魏　이후　다소　변경을　거쳐　隋에　이르러　奴婢·耕牛의　給田이　폐지되었으니,　大土地所有者를　억제하려는　隋朝의　政策에　따른　것이다.
  唐代에는　丁男에　永業田　20畝,　口分田　80畝,　計　100畝와　園宅地　良人　3人에　1畝를　지급하는　것이　정제화되었다(開元　25年令).

2) 農地給田에　따른　負擔體系로서　唐代에는　租·調·役·雜徭로　구분된다.　租는　丁男에　곡물　2石.　調는　絹　2丈,　綿　3兩,　役은　1年에　20日,　服役하지　않을　때에는　1日에　絹　3尺,　麻布　3尺　7寸　5分을　내어야　하고(庸),　雜徭는　50日(39日·40日說이　있다)이다.

a) 均田制의  破綻과  兩稅法의  成立

b) 府兵制의  崩壞

c) 官制의  變質(令外官의  出現)


## Ⅲ.  南北朝·隋唐  時代의  宗敎과  藝術


**1. 道敎의  成立과  發展**

ㄱ)  太平道와  五斗米道

ㄴ)  隱者의  思想;淸談과  玄學

ㄷ)  儒·道  折衷의  傾向(葛洪의  《抱朴子》)

ㄹ)  貴族과  道敎(神仙長生術,  後漢  道敎와  比較)

ㅁ)  皇室과  道敎(北魏의  天師道,  唐代의  道敎)

ㅂ)  道敎와  藝術(書道의  發達,  神仙圖)


**2. 佛敎의  登場과  그  展開**

ㄱ)  佛敎  登場의  背景

  a) 佛敎의  中國  傳來

  b) 大乘佛敎;萬人救濟,  世俗佛敎

  c) 初期  佛僧의  活躍(譯經)

  d) 魏晉佛敎;格義佛敎

ㄴ)  佛敎의  浸透

  a) 王室과의  結托(胡族君主와  佛敎)

  b) 貴族  士大夫의  佛敎  傾斜

  c) 譯經과  求法

    ㅇ 求法僧;法顯의  《佛國記》,  玄奘의  《大唐西域記》,  義淨의  《大唐
      西域求法高僧傳》,  慧超의  《往五天竺國傳》

    ㅇ 譯經僧;鳩摩羅什의  《法華經》,  《維摩經》,  《阿彌陀經》,  曇無讖
      의  《涅槃經》,  佛馱跋陀羅의  《華嚴經》  漢譯

ㄷ) 佛敎와 中國社會

  a) 佛敎批判

    ○ 華夷問題(《老子化胡經》)

    ○ 中國傳統(儒敎倫理)과의　摩擦(僞經, 牟子의《理惑論》)

    ○ 神滅不滅　論爭(慧遠의「神不滅論」과 范縝의「神滅論」)

  b) 國家權力과　佛敎

    ○ 慧遠의「沙門不敬王者論」, 佛法派와　王法派의　論爭(南朝)

    ○ 法果의「皇帝當今之如來說」, 僧官制度(北朝)

    ○ 三武一宗의　法難[1]

  c) 佛敎倫理의　浸透

  d) 佛敎藝術의　發達

ㄹ) 佛敎의　中國的　展開

  a) 天台宗

  b) 淨土宗

  c) 禪　宗


**3. 唐代의　文化**

ㄱ) 長安城

  a) 長安城의　設計

  b) 人口와　市場

  c) 胡風(敦煌學)

ㄴ) 儒學復興運動

  a) 唐初의　儒敎(五經正義)

  b) 排佛과　新儒學運動 ; 韓愈의　道統說

ㄷ) 文學의　發達

  a) 文體感覺의　變化

---

1) 國家에 의한 佛敎彈壓은 三武一宗으로　표현된다. 北魏의 太武帝(446), 北周의 **武帝**
(574), 唐의 武宗(845), 後周의 世宗(955)時의 法難을 말한다.

   ○ 四六騈麗文體에서　古文體로

   ○ 意識의　散文化

  b)　詩의　發達

   ○ 李白과　杜甫

# 六. 日本의 古中世


## Ⅰ. 古代日本


**1. 原始日本**

ㄱ) 舊石器時代 ; 先繩文文化

ㄴ) 繩文時代(B.C. 8000∼7000 년경부터)

  a) 中石器 및 初期 新石器

  b) 階級 未分化

ㄷ) 彌生時代(B.C. 300 년경∼A.D. 300 년경 사이)

  a) 繩文文化 壓倒

  b) 金石併用期

  c) 稻作農耕

  d) 中國側 記錄에 倭의 登場[1]


**2. 古代國家의 成立**

ㄱ) 古墳時代(A.D. 300 년경부터)

  a) 大陸系

  b) 農耕·騎馬

ㄴ) 大和國家

  a) 4 世紀 中葉까지는 西日本 支配

    ○七支刀와 廣開土王 碑文의 倭關係 記錄(391∼404 년간)

  b) 積極的 對中通交

---

1) 《漢書》 地理志(樂浪通路의 朝貢), 《後漢書》東夷傳(A.D. 57 년 倭奴國王 朝貢·印綬 賜與), 魏志 東夷傳(A.D. 3 世紀頃 邪馬台女王 卑彌呼·邪馬台國의 位置).

48

ㅇ 5 世紀初부터의 倭 5 王, 中國의 南朝에 朝貢, 官稱 承認[1]

c) 佛敎 受容(538 년 또는 552 년 百濟로부터) ; 土着勢力과 百濟系勢力과의 葛藤

d) 聖德太子(577〜622) 時期

ㅇ 積極的 大陸文化 攝取 ; 遣隋使

ㅇ 冠位 12 階

ㅇ 十七條憲法 ; 倫理 規定

e) 社會構造

ㅇ 氏 ; 居住地名 또는 朝廷 職官名에 따른 血緣關係의 豪族家集團

ㅇ 姓 ; 氏上의 政治的 位置에 따름

ㅇ 部民制 ; 朝廷·豪族에의 所屬民, 物産貢納 및 手工業 從事


### 3. 律令體制

ㄱ) 大化改新(646 년 發布)

a) 中國 留學生·留學僧 支援下의 宮中政變(645)

b) 公地公民制 ; 班田收授法[2]

c) 官 制

ㅇ 中央의 2 官(神祇官·太政官)·8 省

ㅇ 地方의 國·郡·里

d) 韓半島와 公式關係 杜絕(663, 百濟支援軍 白村江戰鬪에서 敗退)

e) 天武天皇의 改新政治 實行(672 년 壬申의 亂 後)

ㄴ) 奈良時代(710〜794)

a) 佛敎 盛行

ㅇ 東大寺 建立(745)과 大佛 開眼(752)

ㅇ 地方의 國分寺 設立

ㅇ 護國安民

---

1) 《宋書》夷蠻傳(倭 五王名은 讚·珍·濟·興·武)
2) 口分田 給與와 原則上 6 년마다의 再調査. 이에 따른 負擔은 租庸調 및 雜徭와 兵役

b) 班田收授法의　衰退

　○人口增加와　開墾土地의　不足

　○給田의　不正確, 貴族·寺社에의　特惠

　○過重한　負擔과　土地放棄

　○勢力家의　土地兼併과　勞動力　吸收

　○三世一身法(723), 墾田永代私有令(743)[1]

　○莊園의　起源

ㄷ) 初期　平安時代(794~902)

a) 平安遷都(奈良　寺院勢力의　政治的　影響　增大에　대한　沮止　意圖)

b) 初期　律令制의　修正·補完

　○令外官　設置[2]

　○遣唐使　廢止(838)

c) 藤原家의　得勢

ㄹ) 中期　平安時代(902~1068)

a) 延喜의　令(902, 莊園·勅旨田　擴大禁止와　律令制　復舊企圖) 失敗

b) 藤原家의　攝政·關白　時期

　○高官의　壓倒的　多數

　○莫大한　給田과　寄進莊園

　○國家統制力　弱化와　地方有力者의　土地權限(「職」) 寄進

　○武士團의　初期的　形成;自衛와　中央貴族의　地方　定着

ㅁ) 末期　平安時代(1068~1185)

a) 院　政[3]

b) 源氏　登場

c) 寄進의　本格化

---

1) 民間의　土地開墾을　助長하기　위하여　貯水·水路　施設을　함께　開墾한　경우에ᅟ二三世代間, 土地만을　개간하였을　때는　當代에　한하여　私有를　인정(三世一身)하였으나, 實效가 적어 일정한 조건하에　墾田한　자에게는　永世私有를　인정하였다(墾田永代私有).
2) 勘解由使·檢非違使·藏人所　등.
3) 天皇이 일찍 퇴위한 뒤　上皇으로서　院을 열어　政治實權을　행사하였다.　攝政·關白勢力을 억세하여　皇權을 강화하려던 것이었다.

○ 地方莊園→預所→領家→本所(本家) ;「職」의 重層體系

d) 政治的 不安定

○ 皇室內紛 및 藤原家內 紛爭

○ 僧兵의 騷亂

○ 武士團의 介入과 中央進出

e) 平氏의 專橫과 源氏의 關東武士團 ; 源賴朝의 勝利

## Ⅱ. 中世日本

**1. 鎌倉幕府(1185〜1333)의 初期 性格**

ㄱ) 최초의 武人政權

a) 天皇의 將軍職 授與

b) 統治의 正當性

ㄴ) 守護와 地頭[1]

a) 守 護

○ 國別 治安 責任

○ 管國內 地頭·御家人 指揮統率

b) 地 頭

○ 莊園 및 公領에 補任

○ 所領의 土地管理·徵稅·檢斷權

c) 源賴朝와 御家人間의 私的 主從關係→恩給을 媒介로 公權化

ㄷ) 莊園 本所勢力과의 妥協 위에 成立

**2. 北條氏 執權下의 鎌倉幕府**

ㄱ) 承久의 亂(1221)

a) 賴朝 死後 人格的 支配 混亂

---

1) 源賴朝가 아우인 源義經 일파를 수색 체포한다는 명목으로 1185 년 敕許를 얻어 지방
에 설치한 것에서 비롯한다.

b) 外戚 北條氏「執權」[1]에 대한 皇室側 復權企圖 失敗

c) 幕府權力의 確立

ㄴ) 名目上의 將軍과 實權者 北條氏

a) 初期의 合議制

○ 連署；複數執權制

○ 評定衆；御家人層 代表들의 最高政務機關

○ 引付衆；御家人의 訴訟 處理機關

○ 權力基盤 未成熟

b)「得宗」專制

○ 北條氏 宗家(「得宗」)의 實權 確固

○ 中央・地方 要職에 北條氏 多數 進出

○ 評定衆의 無力과 御家人의 疏外

ㄷ) 蒙古 侵入(1274, 1281)과 그후

a)「神風」[2]

b) 蒙古軍 退却後 御家人層 離反

○ 地方領主로서의 基盤擴大

○ 莊園制 崩壞의 始作

c) 商業・貨幣 經濟 發達

3. 室町幕府(1336〜1573)

ㄱ) 建武中興(1333〜1336)

a) 後醍醐天皇[3]의 大權 奪還

○ 皇權基盤 强化

○ 莊園 중심의 局地的 商業의 衰微

---

1) 北條氏는 將軍位에는 源氏나 皇室側 人物을 취임케 하고 그 아래 「執權」을 신설하여 여기에서 實權을 행사하였다.

2) 元軍 侵入時 颱風이 불어 패퇴시켰다고 믿어 이를 神風이라 불러왔다. 2차대전 말기 聯合軍 艦艇을 自爆함으로써 격침하려던 파일로트를 또한 「神風特攻隊」라 하였다.

3) 北畠親房 등 勤皇派 人材를 등용하여 政治革新과 王政復古를 꾀하다 1331년 유배되었으나, 1333년 鎌倉幕府 滅亡과 함께 귀환하여 新政을 행하였다.

　　○畿內의　關東에　대한　優位

　　○京都　治安裁判機關(檢非違使)을　통한　商工業者　統制·保護

　　○在地領主制의　發展과　反體制的　新興武士團　出現

　b) 復古政策

　　○鎌倉幕府下　旣成事實　否定

　　○天皇이　唯一한　土地封與權者

　　○記錄所；公家官僚　中心의　天皇親政　機關

　　○不安과　混亂；時代錯誤的　獨裁에의　不滿, 新興　足利尊氏에의
　　期待

ㄴ) 足利(室町)[1]體制

　a) 南北朝內亂(1336～1392)

　　○南朝；後醍醐天皇側의　吉野[2]　據點　政權

　　○北朝；幕府保護下의　京都　據點政權

　b) 幕府體制의　確立；足利義滿(1358～1408)

　　○初期　二元體制　克服；軍事와　行政의　統合

　　○北朝의　統一

　　○守護機能　强化；半濟令[3]과　課稅確定

　　○直轄軍　編成；地方統制役

　　○倭寇와　對明貿易；日本　國王으로서의　朝貢·明錢　流通·座[4]의
　　發展

　c) 幕府의　弱化

　　○守護領國制의　出現

　　○直轄軍의　孤立化

　　○將軍의　形式的　絕對權力；下級官僚의　實權

---

1) 室町는 京都의 한 區域名으로 足利幕府의 本據가 있던 곳.
2) 奈良縣 南部의 山岳地帶.
3) 南北朝時代 內亂으로 인한 軍費調達策으로 幕府에서 公領·本所領의 年貢의 半을 武
士에게 허가한 방식이 제도화된 것이다.
4) 中世 商工業者·藝能人 등의 特權的 同業組合으로서 朝廷·寺社 등을 本所로 하여 座
役을 제공하는 대신 販賣獨占權·課稅免除 등의 특권을 보증받았다.

ㄷ) 室町末期(「戰國」時代,　1467〜1573)

　　a) 應仁의　亂(1467〜1477)

　　　　○ 將軍　權威의　衰落

　　　　○ 一揆[1]의　頻發

　　　　○ 將軍家　및　守護大名家의　內紛；戰亂의　全國的　波及

　　　　○ 在地武士勢力의　自立化　傾向；戰國大名制

　　b) 戰國大名의　領國體制

　　　　○ 獨自的　家臣團；城下町[2]　集住

　　　　○ 農民에　대한　直接支配；檢地・連帶責任・貫高制[3]

　　　　○ 新田과　金銀山의　開發

　　　　○ 商工業者의　統制와　保護；城下町의　御用商人・樂市樂座[4]

　　　　○ 都市와　港灣의　直轄化

　　　　○ 宿驛制　整備 `貨幣　度量衡의　統一

　　c) 守護大名와　戰國大名의　差異

　　　　○ 守護大名；幕府權力의　背景,　莊園　및　在地領主를　통한　農民支配

　　　　○ 戰國大名；獨立權力,　莊園制의　完全　否定,　農民　直接把握,　弱肉
　　　　強食의　一般化


## Ⅲ.　中世의　社會와　文化


**1. 農村——莊園制의　衰退와　惣村[5]의　成立**

**ㄱ)　制度的　影響**

---

1) 中世・近世에　있어　武士나　農民들의　集團的　抵抗行動으로서　室町　후기부터는　農民層
　의　支配者에　대한　반항이　특정적으로　나타났다.
2) 大名의　살어　있는　곳. 어물　중심,　家臣團・商工業者・寺社　등의　거주지역이　형성됐다.
3) 土地에　대한　課稅額을　貨幣高(貫文)로　환산하여　이　稅額으로　土地面積을　표시하였다.
4) 戰國時代末로부터　織田・豊臣　時代에　걸처　행한　商業政策으로서　座에　속하지　않는　新
　興工業者들을　새로운　封建秩序　속에서　통제　보호하려는　것이었다. 座商人의　特權廢止
　(樂市)에서　결국　座의　廢止(樂座)에까지　이르렀다.
5) 室町初부터　나타난　農村의　自治組織이었다. 鄉村의　自衛와　灌漑用水・共同林野의　관

a) 鎌倉幕府의　地頭請[1]・下地中分[2]

b) 室町幕府의　半濟令

ㄴ)　地域領主制　進展

ㄷ)　中小農民의　自立化

a)　地緣的　結合；生產共同體로서의　集中과　農業集約化

b)　自治的　惣村；村落共同體의　中世的　形態，近世鄕村制의　前提

　o 權漑用水　管理

　o 惣有財産

　o 自體　檢斷權

**2. 都市의　發達**

ㄱ)　農業生產力　向上과　社會的　分業

a)　商品流通의　進展

b)　全國的　定期市와　商業高利貸資本의　出現

ㄴ)　都市의　性格

a)　中央都市(京都・奈良 등)의　變質

b)　地方定期市・港灣都市(堺・兵庫・博多 등)의　發達

ㄴ)　中世後期의　都市

a)　中央都市에서의　金融業者(酒屋・土倉 중심)　登場

b)　首都市場圈　形成과　地方都市(城下町・港町)　興盛

c)　國內　遠隔地商業의　飛躍的　發展

d)　海外貿易(明・朝鮮・琉球)

e)　政治的　割據와　商業活動의　中央連繫；中央・地方間　相互補完

f)　大都市에서의　自治性

---

리를 촌락 지도자 아래에서 합의하여 행하였다.

1) 地頭가 職權을 이용하여 年貢을 상납하지 않는 경우가 많아 莊園 領主側과 紛爭이 끊이지 않자 이를 피하기 위해 領主側에서는 莊園管理를 地頭에게 일임하는 대신 매년 일정액의 年貢上納을 地頭에게 請負하였다.

2) 土地收益을 둘러싼 莊園領主와 地頭와의 紛爭을 해결하기 위하여 土地의 領有權을 반반 또는 그 이하로 나누어 서로 간섭하지 않도록 한 것이다.

**3. 文 化**

ㄱ) 中世佛敎

  a) 平安佛敎(天台宗・眞言宗)의  貴族的  傾向  脫[

  b) 民衆佛敎

   ○ 淨土宗

   ○ 日蓮宗

   ○ 禪 ; 室町幕府  權力과  連結, 中國文化  導入  窓口, 禪佛敎의  신선

    함과  武士層에의  影響, 貿易과  政治에  助力

ㄴ) 現世對應

  a) 慈圓(1155～1225)의 《愚管抄》[1]

  b) 中下級貴族의  遁世

  c) 武士의  主從倫理

ㄷ) 美意識

  a) 幽玄 ; 美의  本體  把握  不可,  表現  不能의  餘情

  b) 文化의  民衆化

   ○ 佛敎

   ○ 茶道

   ○ 能와  狂言[2]

  c) 東山文化[3]

   ○ 和風

   ○ 武家佛敎・庶民文化

   ○ 都市  大商人의  後援

   ○ 現實  肯定的  傾向

---

1) 中世의 대표적 歷史理論書.  末法思想과 「道理」의  展開로서  日本歷史를  서술하였다.
  武家政治의 시작을 「道理」의  과정으로  인정하였다.
2) 眞摯한 能의 進行을 부드럽게 하기 위해 中間에 諷刺的인  笑談을 하는 것.
3) 室町中期의 전통적인 公家・武家 文化와 禪僧들이 도입한 宋文化 및 新興庶民文化 등
  이 융합된 文化.

# 七. 宋代의 社會와 文化

## Ⅰ. 社會와 經濟의 變化

**1. 宋王朝의 成立**

ㄱ) 五代 分裂期의 克服과 宋朝의 成立

  a) 五代十國(907~959)

  b) 宋朝의 成立(960~1126)

ㄴ) 周邊民族의 成長과 複雜한 外交關係

  a) 周邊民族의 成長 ; 契丹·女眞·西夏·蒙古·安南

  b) 北宋의 滅亡과 南宋의 成立(1127~1279)

**2. 士大夫階層의 擡頭**

ㄱ) 君主權의 强化

  a) 科擧로 官吏選拔(殿試·糊名法·謄錄法)

  b) 文官優位政策

  c) 皇帝가 兵權掌握(節度使 廢止·禁軍 設置)

  d) 地方官의 辟召制 廢止

ㄴ) 官戶가 社會的 經濟的 特權 享有

ㄷ) 科擧의 새로운 機能 ; 官僚志望 知識人의 行動과 知識內容까지 統制

ㄹ) 士大夫層의 形成

  a) 文臣과 科擧志望 知識人 通稱

  b) 士大夫는 관심을 天下問題로 擴大

ㅁ) 士大夫階層의　流動性


**3. 土地所有關係의　變化**

ㄱ) 新興地主의　登場

ㄴ) 契約에　의한　耕作關係 ; 地主·佃戶制

ㄷ) 佃戶地位의　隷屬度


**4. 農業生產力의　發展과　經濟中心의　江南　移動**

ㄱ) 農業技術의　進步

  a) 休閑農法에서　連作으로(施肥法　改善　등)

  b) 移秧法　實施

  c) 占城稻　導入과　品種改良 ; 二毛作　可能

  d) 農具의　改良

ㄴ) 江南의　水利開發 ; 灌漑·水利田　擴大

ㄷ) 「蘇湖熟　天下足」


**5. 商業革命**

ㄱ) 背　景

  a) 農業生產의　多樣化 ; 茶와　棉花

  b) 技術의　進步 ; 絹織物·漆器·磁器　등

  c) 石炭의　使用 ; 製鐵·陶磁器·料理

  d) 人口增加와　需要의　擴大

ㄴ) 私交易의　發達

  a) 小商業都市(市·店·步·鎭)와　定期市(墟市)의　發生

  b) 商人의　分化 ; 行商·座賈·牙人(中介商)·遠距離　商人

  c) 都市의　同業組合

  d) 商街의　發達

ㄷ) 貨幣의　發達

　　a) 銅　錢[1]

　　b) 銀使用

　　c) 紙幣의　出現 ; 交子(南宋)

ㄹ) 外國貿易의　發展 ; 東아시아　交易圈의　擴大

　　a)　內陸과의　交易

　　　○輸入品 ; 馬・毛皮・羊・鹽

　　　○輸出品 ; 絹・茶・米穀・工藝品

　　b)　羅針盤의　發明과　海上交通의　發達

　　c)　海上貿易 ; 이슬람商人과　市舶司[2]

　　　○輸入品 ; 木材・寶石・香料・象牙・藥品・刀(日本)

　　　○輸出品 ; 金・銀・陶磁器・漆器・絹・書籍・繪畫・銅錢・茶


**6. 都市의　發達**

ㄱ) 戶口의　增加와　大都市의　發達[3]

ㄴ) 都市性格의　多樣化 : 商業・서비스業・質貸業・娛樂施設


## Ⅱ. 宋代文化의　新傾向


**1. 知識의　普及**

ㄱ) 書籍의　普及

　　a) 印刷術의　發達(木刻・活字)

　　b) 製紙術의　發達

ㄴ) 官學과　書院의　發達 ; 科擧　志望者의　증가, 門戶開放

ㄷ) 良賤制의　廢止

---

1) 唐代에는　每年　平均 13~31 萬貫　發行하던　것이 10 세기　말에는　年 88 萬貫, 11 세기에　들면　年 183 萬貫 정도를　발행하였고, 이것이　高麗와　日本에까지　流出되었다.

2) 海上貿易關係의　事務(商品檢査・關稅徵收 등)를　담당하는　官廳으로　廣州・泉州・溫州・明州・杭州・秀州・密州 등에　설치하였다.

3) 戶口 10 萬 이상의　都市가 8 세기에 13 개였던　것이 11 세기에는　46 개로　증가하였다. 또　開封은 1105 년에　戶口가 26 만　호였고　杭州는 1270 년에 39 만　호로　세계　최대의　도시였다.

ㄹ) 庶民生活의 向上；農・商・工業의 發達


## 2. 庶民文化의 發達

ㄱ) 詞[1]

  a) 詠誦 위한 詩形式

  b) 口語體 利用；語彙驅使의 自由

ㄴ) 通俗文學

  a) 野談家의 素材로 記述

  b)《西遊記》・《水滸傳》의 起源本 出現

ㄷ) 雜劇；舞臺上演 前提, 臺詞・歌 합친 笑劇


## 3. 宋學의 發達

ㄱ) 宋學 出現의 背景

  a) 經學(＝訓詁學)에서의 脫皮와 자유로운 解釋 試圖

  b) 佛敎와 道敎의 影響

  c) 士大夫層의 理念 形成의 必要

ㄴ) 宋學의 形成

  a) 宋學의 性格

    ○ 道統論

    ○ 宇宙論

    ○ 聖人論

    ○ 華夷論

  b) 范仲淹(990～1053), 周敦頤(1017～1073), 張載(1020～1077), 程顥(1031～1085), 程頤(1032～1107)

  c) 朱熹(1130～1200)

    ○ 宋學의 綜合

    ○ 四書에서 儒敎 本來의 精神 發見

---

1) 대표적인 作者로는 李煜(南唐의 後主, 961～975), 蘇軾(1140～1207), 辛棄疾(南宋의 愛國詩人.) 등이 있다.

    ◦ 格物致知

    ◦ 理氣二元

    ◦ 朱子家禮；士大夫生活의　規範

  d) 陸九淵(1139〜1192)；個人의　直觀·實踐　强調

    ◦ 心卽理

    ◦ 理氣一元

  e) 宋學과　中國·東洋社會

**4. 史學의　發達**

ㄱ) 背　景

  a) 北方民族의　壓迫；國粹的　傾向

  b) 宋學의　正統·名分　重視

ㄴ) 歐陽修(1007〜1072)

  a) 古典에　대한　關心　喚起[1]

  b)《新唐書》·《新五代史》

ㄷ) 司馬光(1019〜1086)；《資治通鑑》

ㄹ) 朱熹；《資治通鑑綱目》

ㅁ) 袁樞；《通鑑紀事本末》

ㅂ) 其他；《續資治通鑑長編》·《三朝北盟會編》·《建炎以來繫年要錄》

**5. 宗　敎**

ㄱ) 佛　敎

  a) 禪　宗

  b) 淨土敎

  c) 大藏經雕版(北宋代)

ㄴ) 道　敎

---

1) 春秋三傳,《易經》의　十翼,《詩經》의　傳箋,《周禮》,《中庸》에　대하여　대담한　의문을
제기하였다.

a) 民衆道教의　形成；道藏編纂
b) 全眞教(金朝治下，王重陽이　創始)의　出現

# 八. 遊牧民族의 活動

## Ⅰ. 遊牧社會의 性格[1]

**1. 遊牧型社會의 特徵**

ㄱ) 地形的 特性

ㄴ) 氣候的 特性

ㄷ) 遊牧型經濟의 特性

 a) 牧畜爲主

 b) 土地에의 執着性 微弱

 c) 經濟的 不安定 ; 資源蓄積 缺如, 略奪 依存, 生必品 不足

ㄹ) 遊牧的 社會의 秩序

 a) 血緣的 結合의 强固

 b) 軍事的 指導者의 存在[2]

 c) 社會組織과 軍事組織의 同一性

 d) 高度의 機動性

 e) 軍事的 封建性

---

1) 遊牧民族의 中國 進出과 관련하여 대두된 것이 「征服王朝」論이다. 塞外民族의 일방 적인 동화로만 설명해 온 「文化吸收論」에 대하여 「文化變容論」으로 설명하려는 것이 다. 이에 따르면, 遊牧民族의 中國支配時, 兩文化의 관계는 반드시 일방의 타방에의 동화로 끝나는 것은 아니며, 征服 후의 國家構造(支配體制)는 전형적인 中國王朝와 다르므로 兩文化類型의 國家를 區別할 필요가 있다는 論理이다.

2) 農業社會의 指導者와의 差異, 指導者 選出過程(쿠릴타이 등), 略奪指揮者로서의 性格, 指導者 存在時에만 部族이 통합되는 점 등을 고려해야 한다.

**2. 遊牧社會의　發展**

ㄱ) 遊牧社會의　擴大

　　a) 定着農耕社會와의　接觸

　　b) 生必品에의　欲望　增加 ; 生活水準　向上

　　c) 商業路　支配와　交易收入

　　d) 農牧的　性格의　出現(遼・金)

ㄴ) 中國文化의　影響

　　a) 物産交易

　　b) 中國的　統治術의　影響

　　c) 文字發明

ㄷ) 君主權의　伸張 ; 中國的　君主型과　遊牧的　君主型의　葛藤

ㄹ) 王朝體制의　形成


**3. 遊牧型國家와　中國의　交涉**

ㄱ) 匈奴와　兩漢

ㄴ) 浸透王朝와　魏晋南北朝

ㄷ) 吐藩・투르크系　諸國家와　隋・唐　世界帝國

ㄹ) 西夏・遼・金王朝와　五代・兩宋

　　a) 唐末・五代의　混亂

　　b) 周邊民族의　成長

　　c) 征服王朝의　出現

ㅁ) 蒙古族과　中國

　　a) 元의　中國支配

　　b) 明代의　北虜

ㅂ) 滿洲族의　興起와　遊牧民族

　　a) 清朝의　中國支配

　　b) 清朝와　蒙古・티베트와의　關係

ㅅ) 20世紀　이후의　遊牧社會

# Ⅱ. 遼와 金

**1. 契丹族의 發展과 遼의 建國**

ㄱ) 契丹族의 起源

  a) 시라무렌河(東蒙古) 부근에서 遊牧生活(4, 5 세기 이후)

  b) 隋·唐의 支配下

  c) 위구르國(744〜840)의 支配下

ㄴ) 遼의 成立(916〜1125)

  a) 耶律阿保機의 部族統一과 建國

  b) 文字發明

  c) 征服戰爭(Uighurs·Tibet·黨項·渤海·內外蒙古)

ㄷ) 中國進出

  a) 燕雲 16 州 獲得

  b) 中國進出 적극 추진 ; 遊牧重視派에 대한 農耕重視派의 勝利

**2. 遼·宋의 對立**

ㄱ) 澶淵의 盟(1004)

  a) 宋의 燕雲 16 州 奪還試圖 失敗(979, 986)

  b) 和議成立(遼 聖宗과 宋 眞宗間)

  c) 內 容

    ○兩國이 兄弟關係

    ○宋이 歲幣支拂

    ○國境에 貿易場 開設

ㄴ) 兩國間 和議의 影響

  a) 遼 則

    ○貴族生活의 奢侈化

    ○文化의 向上

　　　o 領土擴張 試圖(高麗·新疆 方面)

　　　o 國家構造의 二重體制 試圖

　　b) 宋　則

　　　o 極度의 財政難

　　　o 王安石의 改革試圖

　　　o 黨爭發生

　　c) 兩國의 貿易 ; 歲幣의 宋에의 逆流

　　d) 長期間의 平和維持


3. 西夏(982～1227)와 宋

ㄱ) 西夏의 建國

ㄴ) 兩國의 對立


4. 女眞族의 發展과 金의 建國

ㄱ) 建國前의 生活

ㄴ) 金朝의 成立(1115～1234)

　　a) 完顏部(生女眞)의 得勢(11 세기)

　　b) 阿骨打의 自立(1115)

　　c) 文字의 發明

　　d) 對遼 威脅

ㄷ) 中國進出

　　a) 宋·金의 同盟

　　b) 遼 驅逐[1] ; 燕雲 16 州 占領

　　c) 宋으로부터 歲幣 받음


5. 金·南宋의 對立

ㄱ) 北宋의 滅亡(1127)

---

1) 遼는 서쪽으로 이동하여 카라한朝를 멸망시키고 西遼王朝(1132～1211)를 건국하여 Uighurs族을 지배하였다.

  a) 金・宋 關係의 惡化

  b) 宋의 滅亡

ㄴ) 金・南宋의 和議成立(1141, 歲幣・稱臣)

ㄷ) 金의 華北支配

  a) 國都의 燕京 移轉

  b) 二重體制(孟安謀克・郡縣制) 施行

  c) 漢化；文弱化(國粹保存 努力의 失敗)

  d) 經濟難；金人의 土地喪失


## Ⅲ. 蒙古族의 世界帝國


### 1. 蒙古族의 發展과 蒙古王國

ㄱ) 몽고族의 起源

  a) 바이칼湖 東部 居住(7~8 세기경)

  b) 오논河畔으로 移動(9 세기 중엽, Uighurs 帝國 崩壞 後)

  c) 金의 支配下

ㄴ) 몽고王國의 成立

  a) 징기스칸(成吉思汗, 1206~1227)의 出現

  b) 耶律楚材의 登用

  c) 西征과 東西貿易路 確保

ㄷ) 오고타이(太宗)의 出現

  a) 金의 滅亡(1234)과 華北 獲從

  b) 征服戰爭(中亞・西亞・유럽・高麗)

ㄹ) 四汗國의 成立

  a) 징기스칸의 諸子分封

  b) 世祖의 自立과 四汗國의 分裂

**2. 元帝國의 中國支配**

ㄱ) 쿠빌라이(忽必烈, 世祖, 1260～1294)의 自立

  a) 南宋征伐에 注力

  b) 王位繼承紛爭에 勝利

  c) 燕京에 都邑, 國號 : 大元(1271)

  d) 南宋征服(1279, 伯顏)

  e) 日本遠征의 失敗(1274, 1281)

  f) 인도차이나 半島征伐과 南海交通路의 確保

ㄴ) 元의 中國支配

  a) 多民族의 複合社會

  b) 몽고中心主義

    o 民族差別

    o 國字製定

    o 中國人의 蒙古化 强制

  c) 中國式 行政制度 施行

    o 中央 ; 中書省・樞密院・御史臺

    o 地方 ; 行省・路・州・縣

  d) 武力統治 ; 衛所・다루가치(達魯花赤)・잠치(站赤)의 設置

ㄷ) 江南支配의 問題點

  a) 元代의 民族構成(蒙古・色目人 3％, 漢人 15％, 南人 82％)

  b) 經濟的 收奪

  c) 南人의 政治參與 制限

  d) 軍事的 據點의 揚子江流域 集中

**3. 元代의 文化와 東西交流**

ㄱ) 庶民文化의 發展

  a) 雜劇의 發展 ;《西廂記》・《琵琶記》

b) 小說 (《水滸傳》·《三國志演義》 元末形成)

ㄴ) 東西交通의 發達

  a) 交通障礙 要素의 除去

  b) 各地域의 事情 紹介

  c) 잠치(站赤)의 開設

  d) 新交通路 開拓

  e) 海上路 確保

ㄷ) 文化交流

  a) 西方文化의 流傳(數學·地理學·天文曆法·醫術·回回砲·이슬람
    敎·라마敎·天主敎)

  b) 中國文化의 西傳

  c) 旅行家 ; 마르코 폴로, 이븐 바투타, 페골로티

ㄹ) 東西貿易과 斡脫(Ortaq)

  a) 斡脫의 活動

  b) 東西貿易의 推進

# 九. 明·淸 時代의 社會와 文化

## Ⅰ. 官紳秩序의 成立

**1. 明朝의 建國과 發展**

ㄱ) 元朝支配의 弱化

  a) 쿠릴타이制와 宮廷內의 內紛

  b) 江南人의 不滿

  c) 財政難；重稅, 交鈔 濫發

  d) 災害의 빈발

  e) 軍事力의 弱化

ㄴ) 朱元璋의 建國

  a) 元末의 諸叛亂

  b) 朱元璋의 江南 掌握

  c) 土豪·儒者의 支持 획득

ㄷ) 洪武帝의 統治

  a) 統治理念

    ○ 胡習排除

    ○ 唐·宋의 儒敎規範 復舊

    ○ 民衆敎化；六諭의 頒布[1]

---

1) 孝順父母·尊敬長上·和睦鄕里·敎訓子孫·各安生理·毋作非爲의 6 條로 된 敎化敎諭
로서, 每里에 木鐸老人 1 명으로 하여금 매월 6 차 里內를 돌며 6 諭를 외쳐서 그 내용
을 환기시키게 하였다. 皇帝 次元에서 직접 民衆을 대상으로 儒敎倫理에 의한 敎化를
시도한 것은 이것이 처음이다. 淸代의 聖諭廣訓(雍正帝)의 理念에까지 계승되었고 日
本에도 江戶時代 이후 전해져서 明治敎育勅語의 理念에까지 영향을 주었다.

b) 統治權의  君主集中

　o 中央・地方의  行政權限의  分割

　o 恐怖政治(錦衣衛・文字獄  등)

c) 鄕村秩序의  確立；里甲制[1]

d) 海禁・閉關  政策

ㄹ) 永樂帝와  帝國의  安定

a) 永樂帝의  權力掌握

b) 北京遷都(政治・軍事・經濟・文化의  中心地  分化)

c) 對外膨脹(몽고親征,  鄭和의  南海遠征,  滿洲整備,  安南服屬)


2. 紳士層의  成立과  社會支配

ㄱ) 成立  背景

a) 社會構造의  多樣化

b) 官僚機構의  不變

c) 官紳秩序(政治制度와  社會制度  합친  性格)의   必要

ㄴ) 紳士層의  成立

a) 科擧・學校制의  結合

b) 學位所持層의  特權層化[2]

c) 學位所持層과  官人層의  同類意識의  發生

ㄷ) 紳士層의  社會支配

a) 統治秩序의  解弛

　o 政治秩序의  弛緩

---

1) 1里를 자급자족할 수 있는 110戶를 단위로 편성한, 말하자면  自然村落과  行政村落
的 性格을 共有한 제도이다. 10名의 里長과  甲首(10戶의 長)가 10년에 1회씩  輪番
으로 교대하며 稅役의 賦課와 徵收 및 治安維持 機能까지 맡도록 하였다.  鄕村의 自
作農을 기반으로 하고 地主階層을 이용해서 國家의  收取와 秩序를 유지하려는 수단
이었다고 할 수 있다.

2) 府・州・縣學의 學生(生員), 國子監의 學生(明代의 監生, 淸代의 貢生), 科擧制의 제
1단계인 鄕試에 합격한 사람(擧人)을 통칭 學位所持層으로 부른다. 이들은 아직 入
仕하지는 않았으나 終身資格을 부여받고 官位와 접근해 있으며, 徭役의 減免 등 九
品官에 준하는 특권을 국가로부터 부여받았다.

◦里甲制의　弛緩

b)　紳士層의　影響力　擴大

◦階層的　特權

◦土地兼併

◦政治權力과　連結

c)　紳士層의　公的　機能의　部分的　讓收

◦秩序維持機能；鄕約・鄕村自衛

◦敎化機能；講學・書籍出版

◦鄕村經濟　維持機能；救恤・水利開發,


3.　中央權力의　肥大와　紳士層의　對應

ㄱ)　中央政府의　權力　肥大

a)　宦官의　擡頭

b)　內閣制의　成立

c)　內閣首輔의　宰相化

d)　張居正의　專權

ㄴ)　東林派의　成立과　活動

a)　東林派의　成立　契機

b)　東林書院의　講學活動(顧憲成・高攀龍)

c)　東林・非東林派의　對立

d)　東林派의　弱化

ㄷ)　復社運動

a)　明末의　內外情勢와　紳士層의　危機意識[1]

b)　文學活動에서　政治運動으로

c)　復社彈壓과　復社同人의　對應

---

1) 內的으로는 國家財政의 궁핍으로 인한 重稅와 新稅의 徵收, 이로 인한 社會의 不安과
　　流民의 增加, 各地의 抗租・民變의 빈발, 紳士의 土地兼併, 內閣과 宦官의 政權爭奪
　　등등, 外的으로는 蒙古勢力이 상존하고 있었고 後金軍이 압력을 가해 오고 있었다.

# Ⅱ. 淸朝의 中國 支配

**1. 滿洲族의 發展과 淸의 建國**

ㄱ) 明代의 滿洲와 滿洲族

ㄴ) 後金의 成立

   a) 누르하치(奴兒哈赤)의 自立(1616)

      ㅇ隣近勢力의 征服·統合

      ㅇ壬辰倭亂으로 인한 明의 滿洲支配의 弱化

   b) 八旗制;行政·軍事 組織의 一體化

   c) 滿洲 農耕社會 掌握

ㄷ) 淸朝의 成立

   a) 太宗의 國號 改定(1636)

   b) 對中國 征伐의 迂回作戰(蒙古·朝鮮 侵略)

ㄹ) 淸朝의 入關

   a) 明末의 反亂과 土寇(李自成·張獻忠)

   b) 도르군(多爾袞)의 入京(1644)

   c) 南京政權과의 對立

ㅁ) 淸朝의 安定

   a) 淸의 紳士登用과 內地平定

   b) 三藩의 亂(1673~1681) 鎭壓

   c) 中國의 實質的 統一


**2. 淸의 中國 支配政策**

ㄱ) 武力統治;八旗制·綠營

ㄴ) 對漢人政策

   a) 强壓策

      ㅇ薙髮令

　　　○科場案

　　　○奏銷案

　　　○華夷思想과 文字獄

　b) 懷柔策

　　　○漢人歸農策(先着者 土地 許可, 保甲制)

　　　○稅役減免

　　　○學校・料擧制 實施

　　　○文化・編纂事業

ㄷ) 滿洲人 保護策

　a) 滿・漢 分居와 通婚禁止

　b) 滿洲語 使用

　c) 圈地와 俸錄 給與

　d) 滿洲封禁

ㄹ) 政治制度

　a) 明朝의 制度 踏襲

　b) 樞要機關의 滿・漢 倂用制

　c) 特設機構 ; 軍機處・理藩院


**3. 淸朝의 對外擴張**

ㄱ) 네르친스크條約과 그 意義(1689)

　a) 팔뜨르大帝의 東進政策

　b) 條約의 意義

　　　○對等한 條約

　　　○19 세기 중엽까지 러시아 南下 沮止

　　　○러시아의 東進 繼續

ㄴ) 白頭山 定界碑(1712)

ㄷ) 內外蒙古 征服

ㄹ) 티베트의 自治 許用(18 세기 前半)

ㅁ) 東루르케스탄의 內地化(新疆省, 18 세기)

ㅂ) 土司制의 廢止(改土歸流)

ㅅ) 乾隆帝의 「十全」[1]과 領土의 固定

## Ⅲ. 社會와 經濟의 發展

**1. 農業生産力의 發展(明中期~淸初)**

ㄱ) 米作 品種의 多樣化(1,000 餘種)

ㄴ) 穀物의 多樣化

  a) 華北；小麥(1/2 地域 재배)·高梁·黍(수수)·粟·稻

  b) 華南；稻·小麥

  c) 外來品種；고구마·감자·落花生·煙草·사탕수수

ㄷ) 二毛作 地域의 擴大[2]

ㄹ) 水利開發의 擴大[3]

ㅁ) 單位面積當 生産量의 增加(畝當 米 2~4 石)

**2. 經濟 中心地의 分化**

ㄱ) 江南地方의 織物業의 發達

  a) 絹織物；蘇州·杭州·嘉興·湖州

  b) 綿織物；松江一帶

  c) 麻織物；常州·鎭江

ㄴ) 江南地方의 穀物 不足

---

1) 乾隆帝는 在位期間 동안(1736~1795)에 前後 10 회의 遠方遠征에 모두 성공하였다고 하면서 〈十全記〉를 지어 滿·漢·蒙·藏의 四體로 된 碑石을 만들어 「라사」에 세우게 하였다. 그러나 그중에는 內亂鎭壓의 성격이 있는 것 혹은 실질적인 敗北라 한 수 있는 對越南戰까지도 계산에 넣고 있다.

2) 이미 부분적으로 二毛作이 실시되던 지역에서 稻麥 혹은 稻의 二毛作地域이 확대되었고 康熙年間 이후부터는 揚子江 下流에서 稻의 二毛作이 보급되었다. 또 稻의 二毛作의 上限地域이 安徽省의 淮南地域까지 北上되었다.

3) 後述하듯이, 明 中期 이후 江西·湖廣 地域, 淸初 이후 四川地方이 새로이 米穀의 中心 産地로 등장한 것은 土地의 開墾과 함께 水利開發의 德이었다. 또 水利開發의 힘으로 稻作의 北方限界가 北京·天津近方까지 北上하게 되었다.

a) 農耕地의 商品作物 栽培地로의 轉用[1]

b) 江南에의 人口 集中

c) 江南의 米穀 不足[2]

ㄷ) 米穀生産 中心地의 移動

a) 明末；江西·湖廣으로 移動(「湖廣熟 天下足」)

b) 淸初 以後；四川米 登場

c) 商業發達의 契機


**3. 商業의 發展**

ㄱ) 地域市場의 發達

a) 農民의 商品作物 生產 增加

b) 孤立的 地域市場(市集·墟市)의 繁榮

c) 地域市場의 大都市와의 連結

ㄴ) 大商人集團의 發生

a) 商人의 分化；中介商(牙商)·土商·客商

b) 山西商人

c) 新安商人

ㄷ) 國內의 遠距離交易

a) 東南地方 手工業製品의 華北·邊城·長江奧地로의 運搬

b) 華北·長江 各省의 穀物·棉花의 江南 回收

c) 全國的 交易品；米穀·鹽·織物·陶磁器·茶

ㄹ) 對西洋輸出

a) 廣東으로 制限

b) 品目；茶·陶磁器·絹織物·木棉

---

1) 松江府의 경우 耕地의 반 이상에 棉花를 栽培하였다.

2) 그 원인은 위의 2가지 면 외에도, 江南에서의 賦稅는 一條鞭法 실시 이후에도 現物納이었고, 또 江南을 中繼地로 하여 華北·福建·廣東 등 지역으로 米穀이 流出되어 갔던 점을 들 수 있다.

**4. 銀의 流通擴大와 稅役制度 改革**

ㄱ) 銀 使用의 擴大

  **a)** 國內交易에 銀使用 擴大

  **b)** 外國銀의 流入

  **c)** 國家의 銀 輸要 增加

ㄴ) 稅役制度의 改革

  **a)** 明初의 稅役制度(兩稅法・魚鱗圖册・賦役黃册)

  **b)** 稅・役에 銀納 許用(15 세기)

  **c)** 一條鞭法 實施(16 세기 後半)

  **d)** 均田均役法 試圖(明末・淸初)

  **e)** 地丁銀制(18 세기 中葉)


**5. 庶民의 地位向上**

ㄱ) 背　景

  **a)** 識字層의 增加[1]

  **b)** 生産力의 向上

  **c)** 手工業의 發展과 副業所得의 增加

  **d)** 商業發展과 商品作物 生産

ㄴ) 地位向上의 努力

  **a)** 抗租・抗糧 運動

  **b)** 織物勞動者의 反亂(織傭의 變)

  **c)** 永佃權의 普及(一田兩主制 등)[2]

  **d)** 村落演戲 통한 連帶意識 鼓吹

---

1) 宋代 이후 계속된 知識普及의 결과 이른바 農村知識人層(私塾・書院 통해서)이 출현
하였고, 그에 따라 科擧應試人口(童生)가 급격히 증가하였다.
2) 地域에 따라 때로 地主가 佃戸에게 永佃權을 강요하는 경우도 있었으니, 그러한 경우
에는 永佃權이 오히려 佃戸를 土地에 긴박시키는 작용을 한 예도 지적되고 있다.

## Ⅳ. 明・淸 時代의 思想과 文化

**1. 陽明學의 成立과 發展**

ㄱ) 背景——明初의 思想 統制

  a) 中華主義(蒙古 風習 排擊, 佛敎 彈壓)

  b) 朱子學의 官學化(敎料書 編纂)

  c) 六諭頒布

  d) 八股文 形式의 採用

  e) 學問과 思想의 萎縮

ㄴ) 王守仁(陽明, 1472～1528)

  a) 明代 心學의 흐름 ; 陳獻章(白沙, 1428～1500)

  b) 心卽理(龍場의 頓悟, 1508)

  c) 知行合一(實踐 强調)

  d) 致良知(平等性・民衆性)

ㄷ) 陽明學의 展開

  a) 泰州學派(王艮・何心隱)[1]

  b) 李贄(卓吾, 1527～1602)

ㄹ) 陽明學의 後代에의 影響

  a) 書院講學活動의 活潑化 ; 紳士層의 連帶意識 및 民衆意識의 高揚

  b) 正統과 異端論

  c) 社會的 關心의 擴大

**2. 明末・淸初의 經世致用學의 發達**

ㄱ) 背　景

---

1) 陽明學의 일파로서, 自我를 강조하고 獨善(天下國家에의 관심을 도외시한 채 자기의 수양에만 전념하는 것)을 배척하는 독특한 格物說을 주장한 王艮(1483～1540)의 學의 영향으로, 一群의 庶民出身 思想家 그룹이 형성되었으니 이들을 泰州學派라 부른다.

a) 陽明學의　影響

b) 西洋文物에의　接觸(數學・天文・測量術・火砲・坤輿萬國地圖)

c) 明末　內外의　危機意識

ㄴ) 實用學問의　發達

a) 學者；李時珍(1523〜1596)・茅元儀・　徐光啓(1562〜1633)・　宋應星(ca 1590〜ca 1660)・趙士禎・顧祖禹(1631〜1692)

b) 學問內容；植物學・農學・産業技術・軍事學・地理學

ㄷ) 三大學者의　學問

a) 黃宗羲(1610〜1695)・顧炎武(1613〜1682)・王夫之(1619 〜 1692)

b) 共通關心；明朝　滅亡의　原因　探究，理想的　制度　追究，經世學


**3. 考證學의　發達**

ㄱ) 背　景

a) 明末・淸初의　經世實用學의　影響

b) 淸初의　思想　彈壓

c) 淸朝의　編纂事業

ㄴ) 方法과　對象

a) 實證・客觀的　方法

b) 經學・史學・音韻訓詁學

ㄷ) 考證學에　대한　批判；公羊學의　新展開


**4. 庶民文化**

ㄱ) 演劇의　生活化(牡丹亭還魂記，桃花扇傳記　등)

ㄴ) 庶民文學의　發達(《金瓶梅》・《今古奇觀》・《儒林外史》・《紅樓夢》・《聊齋志異》・《浮生六記》)

ㄷ) 日用類書의　普及

ㄹ) 善書類의　普及

ㅁ) 文學評論의　發達(李贄・金聖歎)

# 十. 近世日本

## Ⅰ. 集權的 封建國家의 成立

**1. 近世(織田信長의 執權〔1573〕～德川幕府의 終末〔1867〕)의 性格**

ㄱ) 集權的 封建制

　　a) 分散的 封建制의 解消

　　b) 藩의 成立；戰國大名의 自立的 領主制指向 抑制

　　c) 大名領國體制의 全國化

ㄴ) 兵農分離

　　a) 朝廷·寺社·莊園 勢力에 대한 全面的 制覇

　　b) 武士의 城下町 集住；農民으로부터의 分離

　　c) 檢地와 石高制[1]

　　d) 封建的 小農民化；農民의 土地所有 方向 封鎖

ㄷ) 鎖 國

　　a) 初期의 활발한 接觸[2]

　　b) 德川幕府體制 確立 이후의 철저한 鎖國

---

1) 豊臣時代 이후의 檢地에 따른 土地產出高의 表示方式으로서, 耕地面積에 1段當 公式
生產量(石盛)을 곱하여 산출하였다. 年貢·諸役은 이를 기준으로 부과하였다.

2) 1543년 포르투갈船 種子島 漂着
　　1549년 제수이트宣敎師 프란시스코 자비에르(Francisco Xavier) 來到
　　1570년 포르투갈에 長崎 開港
　　1584년 스페인船 來航
　　1587년 豊臣秀吉의 宣敎師 追放令
　　1588년 英國·和蘭의 進出
　　1600년 和蘭에 通商 許可

**2. 强力한 統一政權의 出現;織·豊 政權**

ㄱ) 織田信長(1534~1582)의 制覇

  **a) 舊勢力과의 鬪爭**

    ○先進 畿內地方 掌握;手工業 技術과 商品流通路의 確保

    ○佛敎 抵抗勢力 철저히 彈壓;一向一揆 制壓(1580)

  **b) 商業活動 保護**

    ○新興 商工業者를 위한 樂市 樂座;公家·寺社側의 特權 否定

    ○關所의 撤廢

  **c) 妥協的 段階에서 中斷(被殺)**

ㄴ) 豊臣秀吉(1536~1598)政權

  **a) 統一權力 構成**

    ○大名의 絕對的 服屬;大名과 領國間의 紐帶 弱化

    ○直轄地 擴大;畿內 및 大都市·地方要地 保有

    ○征服地의 檢地와 石盛 確定

    ○行政官僚組織의 未備;死後 紛亂

  **b) 社會基盤 構築**

    ○武器回收(刀狩)와 檢地;兵農分離와 身分制 整理

    ○城下町;武士·商工業者의 農村으로부터의 遊離

  **c) 對外關係**

    ○西洋;友好와 排斥

    ○朝鮮侵略의 挫折

**3. 德川(江戶)幕府**

ㄱ) 德川家康(1542~1616)의 勝利

  **a) 關原 戰爭(1600)**

  **b) 豊臣勢力의 粉碎;大坂城 攻略(1615)**

ㄴ) 德川體制

  **a) 幕府의 基礎**

　ㅇ織田・豊臣의　基本政策　踏襲

　ㅇ全國統治權의　倫理的　正當化；朱子學的　論理，神佛의　化身

　ㅇ中央行政體系의　樹立

　ㅇ直轄軍事力의　確保

　ㅇ최대의　土地所有者

　ㅇ鑛山과　大都市의　直接支配；貨幣鑄造權과　流通過程　掌握

　ㅇ철저한　大名統制；石高制에　의한　負擔，改易과　轉封，參勤交代，
　武家諸法度

b)　藩의　構造

　ㅇ親藩・譜代・外樣

　ㅇ家臣國의　行政擔當과　俸祿官僚化(城下町　居住)

　ㅇ藩　自體檢地와　現物貢租

　ㅇ中央市場에의　連繫・依存；年貢米・特產品의　販賣

c)　鎖　國

　ㅇ英國・和蘭의　接近과　葛藤

　ㅇ基督敎徒　迫害；島原　反亂(1637)

　ㅇ1639 년의　鎖國令[1]


## Ⅱ.　德川時代의　社會와　文化


**1. 人口와　產業發展**

ㄱ)　人口變化의　趨勢[2]

　a)　초기의　增加

---

1)　長崎港外의　出島에　和蘭商館을　설치하여　유일한　對西洋　貿易窓口로　하였다. 물론 中
　國・朝鮮과의　貿易은　예외였다.
2)　16 세기말 : 約 1,800 백만
　　17 세기말 : 約 2,500 백만
　　1726 년 : 26,550,000(貴族・士族　除外)
　　1828 년 : 27,200,000(貴族・士族　除外)

b) 中期 이후의 停滯[1]

ㄴ) 農業發展

a) 新田開墾[2]

b) 肥料使用의 發達과 農法의 改良

c) 農村副業의 盛行 ; 棉花·養蠶·茶·油 등

d) 農村商品經濟의 發達

e) 農民의 貧富隔差 深化

ㄷ) 商業發展

a) 長期間의 平和

b) 幕府政策의 刺戟

o 參勤交代의 役割

o 陸路·海路의 改修 및 新設

o 幣制와 度量衡의 統一

o 商業的 農業에 따른 社會的 分業

c) 全國的 經濟流通構造의 形成

d) 商人資本의 形成과 性格의 變化 ; 特權御用商人→新興商人→在鄕
商人

2. 都市와 農村

ㄱ) 都　市

a) 城下町

o 商工業 機能과 農村經濟 發展의 先導

o 町人文化의 發達

b) 政治·消費 都市 ; 江戶

o 百萬人口(17 세기말·18 세기초)

---

1) 18 세기초부터의 약 1세기간 정지되었던 것은 長子單獨相續의 慣習, 貧乏에 따른
間引의 流行 또는 生活水準을 유지하려는 百姓들의 家族計劃 등으로 설명하는 방법
들이 있다.
2) 耕地面積은 17 세기초 1,635,000 町이었던 것이 18 세기초에는 2,970,000 町으로 확대
되었다.

　　　　　○大都市　維持를 위한　周邊地域의　發展

　　c) 全國的　商工業의　中心；大坂

　　　　○各藩　貢納物의　販賣・交換(藏屋敷施設)

　　　　○製造業의　發達

ㄴ) 農　村

　　a) 單婚　小家族農民(百姓)으로　構成；社會的　同質性

　　b) 年貢・賦役의　單位

　　c) 村內　秩序

　　　　○村寄合；村規・水路管理・共同利用林野　問題


3. 思　想

ㄱ) 朱子學

　　a) 體制敎學；林羅山(1583～1657)・新井白石(1657～1725)・松平定
　　　信(1758～1829)

ㄴ) 陽明學；中江藤樹(1608～1648)・熊澤蕃山(1619～1691)

　　a) 武士에의　影響；知行合一과　現實批判

ㄷ) 古學派；山鹿素行(1622～1685)・荻生徂徠(1666～1728)

　　a) 反朱子學・日本的　體系

ㄹ) 國學派；本居宣長(1730～1801)・平田篤胤(1776～1843)

　　a) 水戶藩의　大日本史　編纂

　　b) 古道의　摸索・反理性主義

ㅁ) 石田梅巖(1685～1744)의　心學

　　a) 商人倫理

　　b) 庶民生活敎化의　論理

ㅂ) 洋學；杉田玄白(1733～1817)・平賀源內(1726～1779)・渡邊崋山
　　(1793～1841)

　　a) 和蘭學　中心；醫學・科學技術・和蘭語

　　b) 近代西洋科學　受容能力의　養成에　貢獻

4. 藝　術

ㄱ) 元祿(1688～1703)文化

　　a) 大坂中心・商人層文化

　　b) 俳諧・歌舞伎・浮世繪

ㄴ) 文化・文政(1804～1829)文化

　　a) 江戶中心

　　b) 滑稽本・人情本・淨瑠璃・歌舞伎・浮世繪

　　c) 元祿의　活氣喪失；頹廢的　傾向

# 十一. 中國의 近代

## Ⅰ. 西洋勢力의 侵入

**1. 淸朝의 變化**

ㄱ) 專制體制下에서의 「太平盛世」의 限界

  **a)** 權力의 과도한 集中

  **b)** 「名君」의 能力의 限界

  **c)** 行政能率의 沈滯, 姑息彌縫策과 腐敗

ㄴ) 人口의 壓迫

  **a)** 盛世滋丁(1711), 地丁銀의 成立(人頭稅額의 固定과 土地所有者에의 課稅)

    ㅇ人口 ; 1741년 ; 1억 4천만 ——→ 1850년 ; 4억 1천만

    ㅇ土地 ; 1723년 ; 730 萬頃 ——→ 1824년 ; 756 萬頃

ㄷ) 빈번한 大小叛亂

  **a)** 白蓮敎(彌勒信仰, 1796〜1805)

    ㅇ5省에 걸친 地域

    ㅇ1억 2천만 兩의 軍費(國庫剩餘의 蕩盡)

  **b)** 海賊의 活動

ㄹ) 變化指向

  **a)** 經世致用(漢學으로부터 現實的 政策論, 行政論)

  **b)** 變化의 理論으로서의 公羊學(魏源·龔自珍 등)

## 2. 英國勢力의 아시아 進出

ㄱ) 印度支配；東印度會社를 통한 支配와 對中貿易의 擴大

ㄴ) 交易品目

  a) 輸入；茶·陶磁器·木棉

  b) 輸出；毛織物·綿織物(英國新興產業)

ㄷ) 對中國貿易 擴大에의 障礙

  a) 中國經濟의 自足, 閉鎖性

  b) 中華思想[1]

  c)「不平等」關係;「公行」制度,「禀」의 問題

  d) 支拂手段의 問題；銀問題

ㄹ) 阿片의 問題

  a) 印度 阿片의 對中國 輸出

  b) 銀의 流入에서 銀의 지나친 流出로

  c) 銀價昂騰(銅·銀의 交換比率의 問題)

  d) 秩序의 混亂；國家財政의 困難

  e) 왜 中國에서만 阿片이 문제되는가?[2]

## 3. 阿片戰爭(제 1 차 中英戰爭, 1840～1842)

ㄱ) 中國側；阿片密輸入 禁止(林則徐의 强硬手段, 禁輸譬約의 要求)

ㄴ) 英國側；支拂手段으로서의 阿片密輸의 重要性,「平等交易關係」의
要求

ㄷ) 武裝衝突의 擴大(1839～1842)

ㄹ) 南京條約(1842)

  a) 최초의 不平等條約(治外法權·協定關稅)

---

1) 1793 년 Macartney 사절단의 通商擴大 요청 거부와 George Ⅲ 에의 回勅에 단적으로
나타난다.

2) 경제체제의 문제, 위생적 사회적 문제, 아편 가격과 소득과의 관계 문제. 絕對貧困의
문제, 宗敎의 역할의 특이성(道敎的 影響, 儒敎의 個人生活 영역 침투의 限界),「社
會的 活氣」의 缺如, 행정능률의 한계 등의 側面에서 왜 印度나 英國에서 별로 문제가
안된 것이 中國에서 그렇게 큰 문제가 되있는가를 추구할 수 있다.

　　b) 새　國際秩序에의　開放

　　c) 五港　開放, 香港　割讓　등

ㅁ)　民衆의　反應

　　a) 三元里「平英團」抗英運動(1841)[1]


**4.** 제2차　中英戰爭(애로우號　事件, 1856～1860)

ㄱ)　英國商品의　北方　및　內地로의　進出　問題

ㄴ)　英·佛軍의　北京占領

ㄷ)　天津條約(1858)·北京條約(1860)


## Ⅱ. 太平天國과　社會政治의　變化


**1.** 太平天國運動의　背景과　性格

ㄱ)　제1차　中英戰爭의　影響

　　a) 淸朝의　權威의　墜落

　　b) 廣東·廣西　地方의　狀況

ㄴ)　上帝會와　基督敎

　　a) 農民反亂과　宗敎結社

　　b) 基督敎　敎理의　歪曲　收容

　　c) 神俗世界의　混同

ㄷ)　廣西省　一帶의　無政府的　狀態(土客의　싸움과　客家集團의　團結)[2]

ㄹ)　傳統的　叛亂理念의　集成(農民의　均産理想과　大同理想)

ㅁ)　傳統的　反滿秘密結社(天地會)의　影響[3]

ㅂ)　反儒敎的　秩序　指向과의　結合

---

1)「백성은 官을 두려워하고, 官은 洋놈을 두려워하는데, 洋놈은 백성을　두려워한다네」
　라는　廣東地方의　民謠는　民衆의　抗英運動의　성격과　淸朝의　權威의　추락을 [단적으로
　드러내준다.
2) 太平軍의　초기　성공에는　客家集團의　엄격한　紀律이　크게　작용하였다.
3) 太平天國과　天地會의　협동관계는　부인되지만 초기에　있어서의　兩者의　일정한　결합은
　인정할　수　있다.

ㅅ) 自主的 近代指向[1]


**2. 太平天國運動의 挫折**

ㄱ) 太平天國의 專制君主的 體制로의 變貌

ㄴ) 指導勢力의 配分

ㄷ) 紳士層(淸朝軍)의 反擊(曾國藩·左宗棠·胡林翼·李鴻章)

ㄹ) 餘他 反淸勢力(捻軍 등)과의 合流 失敗

ㅁ) 外國(英·佛)軍(常勝軍 등)의 干涉(上海 攻掠의 挫折)

ㅂ) 絶對平均理念과 現實의 葛藤


**3. 太平天國 이후의 中國**

ㄱ) 西太后·恭親王 政權과 對西洋 勢力에의 協力關係

ㄴ) 紳士層의 量的 擴大의 問題

  a) 捐　納

  b) 軍　功

  c) 官職數의 限定

  d) 候補官의 問題

ㄷ) 漢人官僚勢力의 增大와 地方中心的 傾向의 增大(軍事·財政·工業化·外交)

ㄹ) 洋務運動

  a) 軍需工業

  b) 海軍力의 强化(北洋海軍)

  c) 官督商辦制

  d) 西洋「富强」原因에의 關心


**4. 中華的 國際秩序의 崩壞**

ㄱ) 台灣事件(1874)

---

1) 후기 지도자 洪仁玕의 《資政新編》에 나타난 指導理念.

　　a) 琉球의　喪失

　　b) 洋務運動(軍事力　强化)의　失敗의　첫　自覺

ㄴ) 淸佛戰爭(1884～1885)；越南에　대한　宗主權의　抛棄

ㄷ) 淸日戰爭(1894～1895)

　　a) 朝鮮에　대한　宗主權强化　努力(不平等條約의　强要)

　　b) 日本과의　競爭과　그　挫折

　　c) 朝鮮에　대한　宗主權　喪失


## Ⅲ.　改革과　革命


**1. 改革運動의　背景**

ㄱ) 洋務運動의　限界와　**變法論의　抬頭**

ㄴ) 淸日戰爭　后의　帝國主義侵略의　激化(中國　分割의　危險)

ㄷ) 議會制　指向의　改革努力(模範으로서의　明治體制)


**2. 百日改革(1898)**

ㄱ) 改革의　試圖

　　a) 康有爲・梁啓超　중심의　政治活動―下級官僚와　候補官層의　呼應

　　b) 光緖帝　중심의　立憲君主制的　指向

　　c) 官制改革의　試圖

　　d) 近代的　學校制의　始作

ㄴ) 改革의　挫折

　　a) 改革　推進勢力의　弱體性

　　b) 守舊勢力의　抵抗


**3. 革命運動**

ㄱ) 義和團運動(1900)의　影響

　　a) 反基督敎(仇敎)運動의　傳統

b) 反帝(扶淸滅洋)의 失敗

c) 淸朝의 中國保全能力에 대한 懷疑

ㄴ) 日本留學生의 急增과 革命 指向

ㄷ) 革命運動의 體系化

a) 同盟會의 成立(興中會·華興會·光復會의 聯合)

b) 三民主義(民族·民權·民生)

ㄹ) 立憲派와 革命派의 對決

a) 淸廷 主導의 立憲運動, 淸廷 安全確保策

b) 紳士層 主導의 立憲運動

o 國會卽時開會 要求

o 康有爲 중심의 海外에서의 立憲運動

c) 兩派의 理論的 鬪爭(民報와 新民叢報)

d) 華僑 支持의 確保 다툼(保皇會와 同盟會)

**4. 共和(辛亥)革命**

ㄱ) 立憲運動의 挫折

a) 紳士層 立憲運動의 彈壓

b) 反動的 親貴內閣

c) 國會速開 請願運動의 失敗

ㄴ) 淸廷의 中央集權策에의 反撥

a) 地方議會(諸議局) 중심의 反中央活動

b) 四川·湖南·浙江의 鐵道利權 保護運動의 激化

ㄷ) 革命派의 革命思想 鼓吹[1]

ㄹ) 武昌의 新軍의 蜂起와 諸議局 紳士層과의 協力

**5. 中華民國의 成立**

ㄱ) 南京臨時政府의 樹立

---

1) 同盟會에 의한 大小의 起義活動과 徐錫麟·熊成基 등의 起義·暗殺 活動 등이 民心
에 준 영향은 컸다.

　　a) 各省 都督代表會議(參議院)

　　b) 孫文의 臨時大總統 推戴

　　c) 財政的 困難

　　d) 軍事能力의 限界

ㄴ) 南北對立과 袁世凱 推戴

ㄷ) 袁世凱와 議會勢力의 對立


6. 改革·革命運動의 思想的 背景

ㄱ) 議會民主主義 思想

ㄴ) 社會進化論

　　a) 嚴復의 《天演論》

　　b) 富强指向의 說明論理

ㄷ) 社會主義·無政府主義 思想의 導入(東京의 《民報》와 巴里의 《新世紀》)

ㄹ) 言論機關의 發達

# 十二. 近代日本의 成立

## Ⅰ. 明治維新

**1. 背 景**

ㄱ) 社會的 安定의 崩壞

  a) 幕・藩關係의 乖離

  b) 商人層의 富裕와 武士・農民層의 困窮

  c) 頻繁한 農民一揆

  d) 大鹽平八郎의 亂(1837)과 天保改革

ㄴ) 思想的 變化

  a) 德川中期 이래 幕府批判과 天皇中心論

  b) 國粹主義와 海防 主張

  c) 藩의 國政 參與意識

  d) 水戶學派；尊王攘夷와 公武合體

  e) 佐久間象山(1811〜1864)；「東洋道德西洋藝術」論

  f) 吉田松陰(1830〜1859)；極端的 尊王論・國體觀[1]

  g) 開明派 武士들의 國政改革 意志

ㄷ) 外勢의 壓力

  a) 西洋諸國의 門戶開放 要求

  b) 페리(Matthew C. Perry)의 來航과 美日和親條約(神奈川條約, 1854)

---

1) 日本에 있어서 歷史의 盛衰와는 달리 그 때후에는 至高至純의 힘이 있어 他國・他文化와 구별된다고 보았다. 이는 天皇으로 상정된다.

c) 幕府의  危機  對應能力의  缺如

**2. 維新의  過程**

ㄱ) 西南雄藩(薩摩·長州·土佐·肥前)의  得勢

ㄴ) 美日修好通商條約  締結(1857)

　a) 不平等條約

　b) 유럽  列强과의  條約의  先例

ㄷ) 幕府의  獨斷的  方針

　a) 大老  井伊直弼(1815～1860)의  締約  決定

　b) 將軍後嗣問題와  安政의  大獄(1858)

ㄹ) 討幕運動

　a) 尊王攘夷派  志士들의  連結

　b) 幕府의  長州征伐  失敗(1866)

　c) 大政奉還과  王政復古  號令(1867)

　d) 戊辰戰爭(1868～1869)

**3. 明治體制의  成立**

ㄱ) 天皇의  政府

　a) 五個條의  誓文[1]

　b) 形式的  復古制度

　c) 東京(江戶)  遷都

　d) 版籍奉還(1869)·廢藩置縣(1871)

　e) 學制改革(1872)·徵兵令(1873)

　f) 地租改正(1873～1881)과  秩祿處分(1873～1876)

---

1) ○널리  會議를  일으켜  天下의  政治를  公論으로  결정할 것.
　○上下가  마음을  하나로  하여  經綸을  행할 것.
　○官民이  모두  그  뜻을  펴서  人心에  不滿이  없도록  해야 할 것.
　○舊來의  頑迷한  慣習을  깨어  天下의  公道에  바탕을  둘 것.
　○知識을  世界에  구하여  크게  皇國의  基礎를  일으킬 것.

ㄴ) 政治의 中心勢力

  a) 維新의 主導者

    ㅇ 公卿 ; 三條實美·岩倉具視

    ㅇ 武士 ; 西鄕隆盛(薩)·大久保利通(薩)·木戸孝允(長)·大限重信

    (肥)·板垣退助(土)

  b) 藩閥政權


**4. 對外關係**

ㄱ) 條約改正 問題 ; 富國强兵의 刺戟

ㄴ) 岩倉使節團 派遣(1871~1873) ; 西洋文物의 見學

ㄷ) 東亞諸國과의 關係

  a) 淸日修好條規(1871)

  b) 征韓論(1873)

  c) 臺灣出兵(1874)

  d) 江華島條約(1876)

  e) 冲繩縣 設置(1879)

ㄹ) 러시아와의 國境 劃定 ; 쿠릴列島(千島)·사할린(樺太) 交換(1875)


## Ⅱ. 近代的 發展


**1. 征韓論과 民權運動**

ㄱ) 征韓論 紛爭

  a) 國內安定 重視派의 勝利

  b) 征韓論者들의 分離

    ㅇ 保守派 ; 佐賀의 亂(1874) 및 西南戰爭(1877)에서 敗退

    ㅇ 進步派 ; 民選議院設立建白 提出, 藩閥政權의 專制에 대한 攻擊

ㄴ) 自由民權運動

  a) 板垣退助 中心 그룹 ; 愛國公黨→立志社→愛國社 國會期成同盟

　　　（1880）→自由黨（1881）

　　b) 都市知識人들의　思想　普及

　　c) 地方政社의　活動과　基盤　擴大

ㄷ) 民權運動에　대한　彈壓

　　a) 北海道開拓使　拂下事件（1881）

　　b) 民權同調　勢力（大隈重信　中心）의　除去와　伊藤博文의　權力　掌握

　　c) 立憲改進黨의　創立（1882）；英國式　立憲君主制　및　漸進的　改革
　　　主張

　　d) 農村　自由民權運動의　過激化（1882〜1884）


**2.　近代思想의　形成**

ㄱ) 啓蒙思想

　　a) 明六社의　活動

　　b) 朱子學과　神道　批判；西歐指向的

　　c) 文明開化政策에의　協調[1]

ㄴ) 民權思想

　　a) 啓蒙思想의　民衆傳播，專制政府에　敵對

　　b) 理論家；植木枝盛의　民權自由論，中江兆民의　人民主權說

　　c) 傳統的　精神構造와　西歐思想과의　接觸　및　葛藤

　　d) 國權主義的　傾向과　對外擴張　問題로의　轉換


**3.　政府의　立憲政體　方案**

ㄱ) 準　備

　　a) 伊藤博文의　獨逸式　憲法制度　研究

　　b) 內閣制（1885），樞密院（1888）[2]

ㄴ) 大日本帝國　憲法　制定（1889）

---

1) 대표적 인물로 加藤弘之와 西周를 들 수 있다. 그들은 社會有機體說 및 社會進化論의
　立場을 취하고 있는 한편, 國權主義를 주장하여 明治政府의 理念을 제시하였다.
2) 憲法草案審議를 위해 설치되었으나, 憲法下에서는 天皇의 最高諮問機關이 되었다.

a) 天皇大權

b) 憲法外 勢力의 存在；元老·天皇側近

c) 內閣의 責任所在 不明；首相任免權 天皇이 掌握

d) 帝國議會；貴族院·衆議院

**4. 産業化**

ㄱ) 第 1 期(1868～1886)

a) 舊制度의 整理·淸算과 新體制에의 適應

b) 새로운 技術의 習得；外人雇聘·試驗場 設立

c) 政府主導의 殖産興業

d) 紙幣整理·官營産業 拂下

e) 傳統産業과 近代産業의 二重構造

ㄴ) 第 2 期(1886～1895)

a) 銀行과 資本蓄積

b) 大規模 工業施設；紡織·紡績·造船 등

c) 輸出의 促進

d) 二重構造의 深化

ㄷ) 第 3 期(1895～1918)

a) 資本主義의 成熟

b) 地主制의 確立

c) 帝國主義化

d) 産業化의 日本的 特性；歐美列强에는 後進的, 東亞諸國에는 先
進的

**5. 條約改正과 對外擴張**

ㄱ) 條約改正

a) 自由民權派의 主張

b) 1899 년 發效(稅權回復은 1911 년)

ㄴ) 淸日戰爭(1894～1895)과　東亞　進出

  a) 朝鮮을　둘러싼　勢力爭奪

  b) 下關條約과　三國干涉

  c) 美國의　門戶開放政策[1]

  d) 英日同盟(1902)

ㄷ) 露日戰爭(1904～1905)

  a) 日本　大陸進出의　障碍　除去；歐美列强의　對露牽制策과의　關聯

  b) 포츠머스(Portsmouth)　條約과　朝鮮·滿洲에　있어서의　日本　優越權

  c) 韓國의　倂合(1910)


**6. 明治　後半期의　思想**

ㄱ) 國粹主義와　平民主義

  a) 立憲政治·反藩閥·改良主義的　主張

  b) 國粹主義；三宅雪嶺·陸羯南

    ○ 社會有機體說에　따른　進化論

    ○ 西歐　國民國家를　指向

    ○ 傳統의　再評價

  c) 平民主義；德富蘇峰의　「民友社」系

    ○ 改良의　方法；社會　全階層의　西歐的　開明

    ○ 英國式　自由放任主義　支持

ㄴ) 政府의　敎化

  a) 國粹(傳統)의　利用

  b) 敎育勅語(1890)

    ○ 天皇制의　理念化

---

[1] 1899년　美國　國務長官　헤이(John Hay)가　中國分割을　막기　위하여　러시아·獨逸·佛蘭西·伊太利·日本에　제안한　것이다.
  ① 各國은　中國租借地에　있어서의　旣存權益에　不干涉
  ② 外國商品의　關稅·稅金은　中國政府에서　徵收
  ③ 各國　利益範圍內에서의　運貨는　自·他國人間　無差別

◦ 文化價値의 基準

c) 淸日·露日 戰爭의 勝利와 思想家들의 轉向

ㄷ) 社會主義

a) 基督敎的 社會主義；內村鑑三·安部磯雄

b) 無政府主義；幸德秋水

c) 社會民主主義

◦ 片山潛 主導의 勞組運動

◦ 議會主義

# 十三.  二〇世紀의  東아시아——中國


## Ⅰ.  軍閥時代


**1.  袁世凱의  獨裁政權**

ㄱ)  反袁世凱勢力의  强化(國民黨의  1913년  總選擧의  勝利)

ㄴ)  제 1 차  反袁鬪爭의  失敗

  a)  宋敎仁  暗殺

  b)  國民黨系  地方督軍의  免職

  c)  反袁鬪爭의  失敗

ㄷ)  袁世凱의  帝制企圖와  그  失敗

  a)  洪憲帝制(1915. 12～1916. 3)

  b)  제 2 차  反袁鬪爭(護國軍・梁啓超・雲南軍)

  c)  洪憲帝制의  失敗

    ○日本의  干涉

    ○共和主義의  흐름

    ○地方分權的  傾向의  增大(袁에  의한  中央集權的  傾向에의  反撥)

    ○北洋軍閥의  分裂(馮國璋의  中立)


**2.  軍閥分裂  統治時期(1916～1928)**

ㄱ)  北洋軍閥의  分裂[1]

  a)  袁世凱의  죽음(中央集權  强化努力의  좌절과  安徽系・直隷系의

---

1)  安徽系；段祺瑞,  直隷系；馮國璋・曹錕・吳佩孚,  雲南軍閥；唐繼堯,  廣西軍閥；陸榮
   廷,  東三省軍閥；張作霖,  山西軍閥；閻錫山,  西北軍閥；馮玉祥

對立)

　　b) 南方軍閥의　形成(雲南軍閥과　廣西軍閥)

　　c) 東三省軍閥의　登場

　　d) 山西 및　西北軍閥의　成立

　　e) 各地方의　群小軍閥


**3. 軍閥統治의　成立要件**

ㄱ) 淸末 이래의　地方中心的　傾向

ㄴ) 帝國主義　列强의　支援과　操縱

　　a) 日本；張作霖・段琪瑞

　　b) 英國；直隸派

　　c) 러시아；馮玉祥

ㄷ) 統一經濟秩序의　不成熟

ㄹ) 苛酷한　經濟收奪(軍費調達・私利追求)과　産業(農・工)發達의　障碍


**4. 反軍閥運動**

ㄱ) 聯省自治運動(統一을　前提로　한　制度的　分治)

　　a) 省憲法의　制定(湖南・浙江)

　　b) 群小軍閥의　利益

ㄴ) 孫文의　統一指向과　南北對立

　　a) 南方政府의　수립(1917. 9)

　　b) 國民革命을　통한　北方軍閥　除去　企圖


## Ⅱ．五・四運動


**1. 新文化運動**

ㄱ) 北京大學의　改革과　自由主義・民主主義的　氣風

　　a) 蔡元培의　自由主義的　教育方針

b) 校內 刊行物(《北大月刊》, 1919 ;《新潮》, 1919)과 學生의 活動

c) 學生들의 平民啓蒙運動, 工讀運動

ㄴ)《新靑年》誌의 影響

a) 새로운 人間像의 定立

　　ㅇ自主的 進步的 國際的 實際的 科學的 人間

b) 反儒敎·反傳統思想의 鼓吹

c) 마르크스주의의 普及

ㄷ) 文學革命

a) 胡適(文學改良)

b) 陳獨秀(白話文體와 民衆的 文學——平易, 國民爲主, 寫實的 社會的인 文學)

c) 魯迅(《狂人日記》, 1918 ;《阿Q正傳》, 1921) 등의 文學的 成功


**2. 反帝運動**

ㄱ) 淸末 이래의 反帝運動의 傳統

ㄴ) 日本에 대한 抵抗

a) 21 個條 要求(1914)

b) 北方軍閥에 대한 支援과 操縱 反對(中日共同防共軍事協定, 1918)


**3. 五·四事件**

ㄱ) 山東問題 處理와 巴里講和會議에의 失望

ㄴ) 親日政府와 日本勢力의 結託 暴露

ㄷ) 北京大 中心의 示威——上海商人·學生의 호응——全國學生聯合 成立

ㄹ) 學生 要求의 관철(親日派 閣僚 免職과 巴里講和會議 調印 拒否)


**4. 新文化運動의 分裂과 새로운 흐름**

ㄱ)「問題와 主義」論爭(胡適과 李大釗)

ㄴ) 社會主義思想의 受容(李大釗・陳獨秀)

  a) 《新靑年》誌의 마르크스主義 特輯(《新靑年》, 6〜5)

  b) 李大釗의 役割

  c) 러시아革命 成功의 影響

ㄷ) 새로운 흐름

  a) 社會主義硏究會(1919)와 社會主義者同盟(1921)

  b) 中國共產黨의 創立(1921)——李大釗・陳獨秀의 活動과 코민테른의 종용

  c) 中國 國民黨의 基盤 構築(思想運動의 重要性, 靑年 知識層의 黨 加入)

  d) 中國 國民黨의 改組(1924)와 제 1 차 國共合作

## Ⅲ. 中國 國民黨과 中國 共產黨의 合作과 鬪爭

**1. 제 1 차 國共合作**

ㄱ) 背 景

  a) 五・四運動 이래의 反帝國主義 風潮

  b) 中國 國民黨의 勢力擴張 努力의 限界(陳炯明・孫文 對立)

  c) 쏘련(코민테른)의 적극적 工作

    ㅇ코민테른의 「民族 및 植民地 問題에 관한 決議」(1920)[1]

ㄴ) 合作推進과 展開

  a) 國民黨 改組宣言(1923. 1)

    ㅇ反帝國主義

    ㅇ勞動者・農民 保護

    ㅇ地主와 佃戶의 地位의 점진적 平等

  b) 中共黨員(黨員 123 名, 1922 년)의 個人資格으로서의 國民黨 入黨

---

1) 부르조아 政黨에 의한 反帝・獨立鬪爭을 共產黨이 대중기반을 가지고 지원한다는 원칙을 말한다. 1919 년에 쏘련이 발표한 제 1 차 對中宣言(카라한 宣言)은 中國과 러시아간의 不平等關係를 폐기한다고 하여 親蘇的 분위기를 조성하는데 크게 공헌하였다.

c) 孫文·요페(Joffe) 宣言(1923. 10)

d) 中國 國民黨 제 1 차 全黨大會 개최(1924. 1)——國共合作의 正式
成立과 그 特性
　o 反帝國主義
　o 國民이 主體가 되는 革命
　o 쏘련과의 聯合과 中共과의 合作
　o 新三民主義(民族主義의 反帝的 解釋, 民生主義·民權主義의 農·
　工爲主 解釋)

e) 北伐의 共同推進


2. 五·三〇事件(1925. 5. 30)

ㄱ) 1927 년 이래의 勞動運動의 高揚

a) 反帝運動과 勞動運動의 結合(1년 4개월을 끈 총파업)[1]


3. 北伐(1926. 7～1928. 6)

ㄱ) 孫文의 죽음과 汪精衛·蔣介石 聯合勢力의 形成

ㄴ) 共産黨의 勞動者·農民 組織의 效果

ㄷ) 上海 쿠데타(1927. 4. 12)와 國共의 分裂

ㄹ) 武漢(汪)政府와 南京(蔣)政府의 對立과 南京政府로의 統合

ㅁ) 北方軍閥과의 妥協戰線
a) 張作霖 驅逐
b) 張作霖 爆死(1928. 6. 4)


4. 國民政府의 發展

ㄱ) 訓政開始(1928. 10, 以黨治國)

ㄴ) 政府機構 整備(五權制度)

---

1) 1925 년 上海의 日本人 紡績工場에서의 日人 監督과의 충돌과 英國 巡警의 發砲가 발
단이 된 反帝運動으로서 1 년 4개월 동안 총파업이 지속되었고, 전국적인 反帝運動
기운이 고양되었다.

ㄷ) 反蔣運動의　鎭壓[1]

ㄹ) 幣制統一

   a) 1933년　3월　金本位貨幣鑄造條例

   b) 金元券　統一使用

   c) 1935년　11월　法幣制　實施

ㅁ) 農村改良의　試圖(農業技術　改良，政府　및　民間에　의한　鄕村建設
　　運動)


## 5. 共産黨의　發展

ㄱ) 紅軍의　成立(武漢政府　沒落과　南昌暴動，1927)

ㄴ) 暴動과　根據地　確保(1930년대，13省　15根據地)

ㄷ) 國民黨軍의　集中攻擊에의　對應(1차—1930, 2차—1931, 3차—1931,
　　4차—1932, 5차—1933〜1934, 6차—1936)

   a) 日本軍의　滿洲侵略(九・一八　事變)과　國民黨軍　3차　攻擊　中止

   b) 中華쏘비에트共和國의　成立(江西省　瑞金，毛・朱　體制의　確立)

   c) 瑞金　根據地의　喪失——長征(1934. 10〜1935. 11)

   d) 國民黨의　「內安外攘」政策과　共産黨의　共同抗日・內戰中止　呼訴
　　　　——광범한　知識層・學生層　呼應


## Ⅳ. 抗日勝利와　全面內戰


## 1. 抗日　8年戰爭

ㄱ) 柳條溝事件(九・一八事變，1931)과　日本軍의　滿洲　占領

ㄴ) 日本의　傀儡「滿洲帝國」成立(1932. 3)

ㄷ) 華北地方의　日本軍　勢力圈化[2]

---

1) 1929년 2월 廣西派, 1929년 5월 馮玉祥, 1930년 5월 廣西・西北・山西 聯合勢力,
　1931년 5월 孫科의 廣東政府, 1933년 4월 福建人民政府.
2) 日本은 北京을 포함한 河北省 일대에서 國府軍이 철수할 것과, 排日活動禁止令을 공
　포 시행할 것을 요구하여 이 지역을 사실상의 日軍 勢力圈으로 만들었다.

ㄹ) 北京의　學生抗日運動(一二·九　學生運動, 1935)의　全國的　波及

  a) 抗日·內戰停止　要求

  b) 中共의　內戰停止·一致抗日　宣傳

  c) 知識人層의　呼應

ㅁ) 西安事件과　一致抗日

  a) 全國各界　救國聯合會(1936. 5)　成立

  b) 中共의　戰術的　後退(勞農工共和國體制　抛棄　用意)

  c) 國府軍의　제6차　共產軍　集中攻擊의　시작과　國內　反內戰運動의

    彈壓

  d) 西安事件(1936. 12)

  e) 西安事件의　結末로서의　國共　一致抗日　合意

ㅂ) 日本의　全面侵略　開始(1937. 7)

ㅅ) 제2차　國共合作　宣言(1937. 9. 22)

  a) 中共政府體制의　格下——邊區政府로

  b) 共產軍의　國民政府軍에의　編入

  c) 共產軍에의　武器供給　約束

  d) 國民參政會(1938. 7)에의　共產黨　代表와　無所屬　代表의　參與

ㅇ) 日軍攻擊　遲延作戰의　展開[1]

ㅈ) 美日戰爭(太平洋戰爭)의　開始(1941. 12)와　中日戰爭의　新局面　展

  開——美國의　支援

  a) 總　10億弗의　經濟援助

  b) 29個輕裝師團의　裝備　支援

  c) 航空機　供給

  d) 中緬(버마)戰場　指揮總部의　成立(1942. 1)[2]

---

1) 中國은 1937년　11월　首都를　四川省의　重慶으로　옮겼다. 中國側으로서는　日本軍의
　　공격을　되도록　지연시켜　國情形勢의　好轉　때까지　시간을　버는　작전을　썼다.
2) 聯合軍의　對日作戰의　一翼을　담당하는　總部의　最高指揮官은　蔣介石이, 參謀長은　美軍
　　側이　맡았다.

## 2. 勝利와 內戰의 再展開

ㄱ) 抗日戰爭中의 共産軍 發展[1]

ㄴ) 抗日戰爭中의 國共衝突——新四軍事件(1940. 10)

ㄷ)「慘勝」과 經濟的 社會的 不安

  a) 物價暴騰과 經濟的 破綻[2]

  b) 重慶時代 및 勝利後의 腐敗 氾濫

  c) 蔣介石獨裁體制의 强化

ㄹ) 美國의 國共調停 失敗와 內戰 再發

  a) 1944 년 이래의 美國의 國共 調停努力과 國共의 立場

    ○中共 ; 聯合政府 組織 參與 用意

    ○國府 ;「訓政」終了後의「憲政」實施 用意

  b) 쏘련의 滿洲占領 및 撤收過程에서의 中共支援

  c) 知識人・學生 中心의 反內戰・反美・反饑餓運動

  d) 內戰 擴大와 美特使(Marshall)의 調停 失敗

  e) 全面內戰의 展開(1947. 6)와 共産軍의 優勢化

  f) 蔣介石의 下野와 後退基地(臺灣) 準備

  g) 北京占領(1949. 1), 南京占領(1949. 3)

  h) 中華人民共和國의 成立(1949. 10. 1)

---

1) 終戰時까지의 共産軍의 兵力은 正規軍 91 萬, 民兵 220 萬, 掌握人口 9,550 萬에 달하여 全國에 19 個의 「解放區」를 갖고 있었다.

2) 1941 년 歲入 20 억 元, 戰費 100 억 元 ; 1945 년 歲入 2,000 억 元, 戰費 1 兆 2 천억 元, 1945. 8 : 1937 년의 物價騰貴 萬倍, 1946 : 1937 년의 100 萬倍 물가등귀, 1949 : 1937 년의 1,000 萬倍 물가등귀.

# 十四. 二〇世紀의 東亞——日本

## Ⅰ. 大正民主主義의 時代

### 1. 背　景

ㄱ) 政權의 交替

  a) 明治寡頭體制內에서의 政權交代[1]

ㄴ) 제 1 차 世界大戰

  a) 參戰과 獨逸領[2] 占領

  b) 中國侵略의 露骨化

    ○ 21 個條 强要(1915)

    ○ 西原借款(1916〜1918)

  c) 시베리아 出兵(1918)

  d) 베르사이유條約(1919)

ㄷ) 民衆의 政治參與 意識

  a) 大正政變(1913) ; 桂 退陣

  b) 米騷動(1918) ; 寺內正毅 退陣

  c) 都市中間層의 成熟과 西歐文化의 影響

---

1) 伊藤博文內閣 ; 1885〜1888, 1892〜1896, 1898, 1900〜1901,
　　山縣有朋內閣 ; 1889〜1891, 1898〜1900,
　　松方正義內閣 ; 1891〜1892, 1896〜1897,
　　桂太郎內閣 ; 1901〜1905, 1908〜1911, 1912〜1913.
　　西園寺公望內閣 ; 1906〜1908, 1911〜1912.

2) 膠州灣과 南太平洋諸島.

**2. 政黨內閣時代**

ㄱ) 政友會와 憲政會

  a) 原敬의 政友會內閣(1918～1921)

    ○ 平民宰相

    ○ 普通選擧法案 拒否[1]

    ○ 軍備擴張豫算 成立

  b) 加藤高明의 護憲三派內閣(1924～1926)

    ○ 普通選擧法案 通過

    ○ 治安維持法 制定과 民衆運動 抑制

ㄴ) 經　濟

  a) 財閥의 的 强化 ; 三井・三菱・安田・住友

  b) 二重構造와 景氣沈滯

ㄷ) 外　交

  a) 워싱턴會議(1921～1922)

    ○ 海軍軍縮條約[2]

    ○ 對中門戶開放原則의 再確認

    ○ 英日同盟의 廢棄

  b) 런던海軍軍縮會議(1930)[3]

  c) 幣原喜重郎外交(外相, 1924～1927, 1929～1931)

    ○ 經濟外交 ; 中國市場 確保

    ○ 國際協調

  d) 田中義一內閣(1927～1929)의 積極的 中國進出 ; 山東出兵・濟南事件・張作霖 爆死

**3. 民主主義 思想의 發展**

ㄱ) 理論的 發展

---

1) 最初의 政黨內閣으로 평가되지만 民衆의 전면적 政治參與에는 주저하였다.
2) 主力艦數 比率 ; 美 : 英 : 日 : 佛 : 伊＝5 : 5 : 3 : 1. 75 : 1. 75
3) 總톤數 比率도 修訂 ; 美 : 英 : 日＝5 : 5 : 3

　　a) 吉野作造・福田德三・美濃部達吉　등　主張

ㄴ) 體制內　改良主義

　　a) 都市中間層의　呼應

　　b) 普通選擧와　政黨內閣制　要求

　　c) 國際協調와　軍縮

ㄷ) 政府의　對應

　　a) 讓步；普通選擧法

　　b) 彈壓；治安維持法


**4. 左翼과　右翼**

ㄱ) 左　翼

　　a) 露日戰爭後

　　　○階級打破・國有化・普通選擧運動

　　　○政府의　彈壓；幸德秋水의　處刑(1911)

　　b) 제 1 차　世界大戰後

　　　○러시아革命과　戰爭中의　勞組運動

　　　○無政府主義　退潮와　社會主義의　理論的　發展；堺利彦・河上肇

　　　○知識層　및　勞動者에　影響

　　c) 左翼運動의　失敗

　　　○知識人運動

　　　○內紛과　不安定

　　　○組織的　活動의　未熟[1]

　　　○政府의　技術的　彈壓

　　　○國家主義의　流行

ㄴ) 右　翼

　　a) 明治期로부터의　國家主義　傳統；玄洋社・黑龍會

　　b) 제 1 차　世界大戰後의　國家主義運動

---

[1] 勞動者 意識의　未成熟, 企業의　小規模, 過剩勞動力과　季節勞動者.

　　ㅇ西洋排斥，傳統的 價値 復活

　　ㅇ革命的 國家社會主義；北一輝，靑年將校에의 影響

　　ㅇ日本主義；大川周明


## Ⅱ. 軍國主義의 擡頭와 終末


**1. 軍國主義**

ㄱ) 背 景

　　a) 世界經濟恐慌；資本主義 列强의 블럭經濟 强化와 國家獨占資本
　　　　主義的 傾向

　　b) 西歐 파시즘의 影響

　　c) 日本經濟의 打擊

　　　　ㅇ金輸出 禁止

　　　　ㅇ軍需인플레이션政策

　　　　ㅇ中小企業 倒産

　　　　ㅇ農村疲弊

ㄴ) 軍部의 政治 介入

　　a) 런던軍縮會議 決定에 대한 統帥權 侵害 論難

　　b) 靑年將校 중심의 國家改造論과 資本主義 改革論

　　c) 軍部의 獨自的 行動；滿洲事變 誘發(1931)과 政府의 統制力 喪失

　　d) 滿洲國 樹立(1932)과 國際聯盟 脫退

ㄷ) 테러時期(1932～1936)

　　a) 政治中心의 軍部로의 移動；昭和維新[1]과 大陸 進出

　　b) 五・一五事件(1932)；犬養毅 首相 被殺과 政黨政治의 終焉, 擧
　　　　國一致 內閣

　　c) 軍部內 派爭

　　　　ㅇ皇道派(精神武裝 强調)와 統制派(組織의 近代化 强調)

―――――――――――――

1) 支配層의 墮落에 대한 攻擊과 農村疲弊의 救濟가 目標.

ㅇ二·二六事件(1936)을 계기로 한 統制派의 實權 掌握

ㄹ) 思想統制

　a) 思想彈壓機構；特別高等警察(特高) 設置와 憲兵隊의 利用

　b)「國體明徵」運動；文部省의「國體의 本義」敎育 强要

ㅁ) 經　濟

　a) 軍部·財界·「新官僚」의 一體化

　b) 經濟構造의 改編

　　ㅇ賃金下落을 基礎로 한 輸出 擴大

　　ㅇ軍需擴大

　　ㅇ財閥의 重化學工業 및 金融資本 獨占

　c) 農村更生運動과 農民의 組織化

ㅂ) 日本軍國主義의 特性

　a) 위로부터의 軍國主義化[1]

　b) 對外的 危機感；國際的 孤立化에 대한 不安과 軍國主義的 對應

　c) 一元的 指導體制의 缺乏[2]


**2. 太平洋戰爭에의 길**

ㄱ) 中日戰爭；戰時體制化(1937 년부터)

　a) 蘆溝橋事件

　b) 國民精神總動員計劃 發表(1937. 9)

　c) 戰時 國家獨占 方針；戰時統制法 制定[3]

　d) 三國(日本·獨逸·伊太利) 防共協定(1937. 11)

　e) 近衛文麿의 東亞新秩序 建設 聲明(1938. 11)

---

1) 獨逸이나 伊太利에서처럼 下部의 파시즘運動이 성숙하여 집권한 것이 아니었다. 따라서 日本의 경우는 天皇制 支配構造의 再編成이라 할 수 있다.

2) 天皇은 사실상 象徵的 最高權者였으므로 明治憲法下에서는 最終責任의 限界가 애매하였다. 軍國主義體制下에서의 內紛과 무책임한 방침 결정에 대한 설명은 이러한 면에서도 가능하다.

3) 1937년 9월；臨時資金調達法·輸出入品等臨時措置法·軍需工業動員法
　　1938년 4월；國家總動員法·電力國家管理法

　f) 大政翼贊會 組織(1940. 10)

ㄴ) 太平洋戰爭

　a) 發　端

　　○中日戰爭에서의 困境

　　○中國 撤兵問題를 둘러싼 對美交涉 失敗

　　○外國의 禁輸와 資源確保의 難關

　b) 經　過

　　○眞珠灣 奇襲(1941. 12. 8)과 東南亞 및 南太平洋 占領

　　○戰爭 持續能力의 限界 露出 ; 과달카날(Guadalcanal)島 攻防戰
　　(1942. 8〜1943. 1)

　　○敗戰의 明確化 ; 마리아나(Mariana)島 海戰(1944. 6)과 東條英
　　機의 退陣

　　○末期의 抗戰과 被爆


**3. 美軍 占領期**

ㄱ) 初期(1945〜1947)의 基本政策

　a) 間接統治 ; 聯合軍最高司令部의 日本民間政府 統制와 指揮

　b) 非武裝

　　○軍隊解散

　　○戰犯裁判

　c) 民主化

　　○公職者 追放

　　○財閥 解體

　　○農地改革

　　○勞組 許可

　d) 分權化

　　○敎育・警察制度 改革

　　○地方自治

e) 新憲法의　制定(1947. 5)

　　o 主權在民

　　o 象徵으로서의　天皇

　　o 三權分立

　　o 人權保障

　　o 戰爭禁止(제 9 조)

ㄴ) 回復期(1948~1952)

　a) 國際情勢의　變化 ; 冷戰의　시작과　韓國戰爭

　b) 막대한　經濟援助[1]

　c) 追放者　復歸・財閥解體　停止

　d) 샌프란시스코講和條約　發效(1952. 4. 28)

---

1) 처음 5 년간 美國의 經濟援助는 약 20 억 달러에 해당되는 것이었다.

# 十五. 越南史의 展開


## Ⅰ. 越南의 獨立과 南進


### 1. 對中抗爭

ㄱ) 秦末 南越國의 漢人 支配者(趙佗)의 稱帝

ㄴ) 漢朝의 郡縣統治

ㄷ) 최초의 大規模 叛亂——徵王의 抗爭[1]

ㄹ) 최초의 獨立 王朝 吳(오)朝(939~968)와 최초의 長期安定 王朝로서의 李(리)朝(1010~1225)

ㅁ) 中國의 侵入과 抵抗

  a) 宋——丁(딩)朝(968~980), 前黎(레)朝(980~1010), 李朝(1010~1225)의 擊退

  b) 元——陳(짠)朝(1225~1400)의 擊退

  c) 明——後黎朝(1428~1802)의 明 直接統治에의 抵抗과 明軍의 驅逐

  d) 淸——西山(타이손)黨의 淸軍 侵入 擊退(1789)


### 2. 歷代支配者의 北進 企圖

  a) 李朝의 北進(廣東地方)

---

1) 後漢의 光武帝 建武 16년(A.D. 40)에 東京(통킹)平野의 越南人이 徵側(중착)·徵貳(중니) 姉妹를 지도자로 하여 漢의 官吏에 대항하여 싸웠다. 한때 王을 칭하여 徵王으로 알려진 이들 姉妹는 결국 漢軍에 붙잡혀 죽는데, 그들이 죽은 날(陰 2월 6일)은 越南人의 民俗的 祭日이 되어 오랫동안 對中抗爭의 象徵이 되어왔다.

  b) 西山黨(阮文惠, 구엔반후에)의 北侵 計劃

  c) 阮朝(1802~1945)의 始祖 阮福映의 兩廣 侵攻 計劃


**3. 越南의 南進**

ㄱ) 李朝의 海雲關 이남 進出──참파(占城) 공격과 캄보디아(眞臘) 侵入

ㄴ) 陳朝의 라오스(哀牢)・참파 攻擊과 屬國化

ㄷ) 後黎朝의 참파 北部 領有와 캄보디아, 라오스 공격

ㄹ) 南北分裂期(545~1786) 阮氏政權의 南進活動 및 캄보디아 海邊 領土의 領有(1755, 今日의 越南領土의 確定)

ㅁ) 阮朝의 샴, 라오스에의 공격(라오스領의 蠶食)

ㅂ) 캄보디아의 直接統治(1834)에 이은 캄보디아의 샴, 越南에의 兩屬(1845)


## Ⅱ. 越南의 對佛抗爭


**1. 1858년 이래의 佛蘭西의 侵略──分割統治・保護國化**

ㄱ) 越南의 對西洋 閉關政策과 天主敎 彈壓──1858년의 스페인人 神父 被殺事件──佛・西 合同侵攻

ㄴ) 西貢(사이공)地區 攻防戰(1860~1861)

ㄷ) 南部의 西部 三省 被奪(1867)

ㄹ) 1882 년 河內(하노이) 佛軍에 함락(1873, 1882)

ㅁ) 1883 년 제 1 회 順化(후에)條約 및 1884 년 제 2 회 順化條約(越南 全域의 佛蘭西 支配, 保護國化)

ㅂ) 淸佛戰爭(1884~1885)


**2. 抗佛義兵 鬪爭(1885~1888)**

ㄱ) 咸室說(톤닷두엣)의 順化 駐屯 佛軍 攻擊(1885)

ㄴ) 咸宜(함기)帝의 勤王令(1885. 7. 13)

ㄷ)「文紳勤王」(반딴깐 부옹)運動

　a) 反基督敎運動과 反佛運動의 結合

　b) 潘廷逢(판딩풍)의 反佛抵抗[1]

ㄹ) 民衆抗爭으로 發展——黃花探(황화탐)의 密林根據地 安世(앤테) 중심의 투쟁(1888~1913)


**3. 愛國啓蒙運動**

ㄱ) 東遊(동부)運動[2]

ㄴ) 東京義塾(똥킹 기아축)의 啓蒙活動(1907)[3]


**4. 제 1 차 世界大戰 前後의 抗佛民衆鬪爭**

ㄱ) 富壽(부무)省 武裝起義(1914)

ㄴ) 越南光復會(1912년 조직) 領導의 抵抗

ㄷ) 邊和(비엔호아)의 脫獄과 西貢 攻擊(1916)

ㄹ) 太原(타이구엔)起義(1917~1918)


**5. 1930년대 이래의 組織的 抵抗**

ㄱ) 越南國民黨의 阮大學(구엔다이혹) 主導의 安沛(옌바이)事件(1930) ——越南人 兵士·民衆의 合勢

ㄴ) 越南 共産黨의 成立(1930)과 各地의 農民暴動

ㄷ) 越南獨立同盟(베트민)의 成立(1941)——各省에 解放區 保有

----

1) 御史出身인 潘廷逢은 宜安(케안)·河靜(하팅)에서 주로 활동하다가 1895년에 病死하였는데, 佛蘭西人들은 그의 墓를 파헤쳐「咸宜帝勤賜兩折經略大使平西大元帥」라 쎠이 棺을 부수고 시체를 꺼내어 불살랐다.
2) 越南獨立運動의 아버지 潘佩珠(판보이차우)는 〈勸遊學文〉을 지어 越南人들의 日本遊(留)學을 권고하였다. 佛蘭西 當局은 越南人의 外國行이나 新學問 學習을 엄격히 제한하였었다.
3) 日本을 모범으로 하여 近代的 方法·組織을 배워 獨立運動을 해야 한다는 뜻을 세워 愛國啓蒙運動의 기관으로서 前禮部尙書 潘周模(판추젠)이 세운 것인데 日本의 慶應義塾을 본딴 것이다. 復古的 義兵運動의 단계에서 벗어나 民主·自由의 近代價値를 지향하였다.

## Ⅲ. 越南史의 特性

**1. 對中抗爭과 南進**

ㄱ) 中國의 계속된 侵略과 그에 대한 抵抗으로서의 獨立

ㄴ) 北部地方의 政治的 文化的 主導權(「北主南客」 또는 「北本南末」)

**2. 重層的 朝貢秩序와 文化的 自尊**

ㄱ) 對中國의 「外王內帝」와 對周邊國에의 宗主國으로서의 地位

ㄴ) 中國의 儒敎·佛敎·政制의 導入과 文化的 自尊[1]

**3. 對佛抗爭으로서의 獨立運動**

**4. 君權의 親近性과 中央集權體制 發展의 限界[2]**

---

1) 明軍을 격퇴한 黎利(레로이)의 勝利를 기념하기 위해 발포된(1428) 〈平吳大誥〉는 中國을 (春秋時代에 서로 싸워 번갈아 勝敗하였만) 吳越 2 國의 吳로 잡고(越南은 越로) 있다. 이 안에서 黎利는 「惟我大越之國 實爲文獻之邦」이라 하여 文化的 矜持를 자랑하였고, 「粤趙丁李陳之肇造我國與漢唐宋元而各帝一方」이라 하여 中·越의 동등한 지위를 주장하고 있다.

2) 越南의 君主는 民間에서는 「부아」로 불리웠는데 이는 부엌을 지키는 守護神을 이름인 「부와뱁」의 부와와 같은 것으로, 친근한 保護者로서의 의미를 갖고 있다. 이는 반면, 越南의 君權이 權力體系가 치밀하게 짜여 있지 않다는 뜻도 된다.

# 參 考 文 獻


一般通史

첸무(錢穆)著 차주환譯　중국문화사총설(대한교과서주식회사, 1958)
페어뱅크等著 高柄翊·全海宗譯　東洋文化史 上(乙酉文化社, 1968)
페어뱅크等著 全海宗·閔斗基譯　東洋文化史 下(乙酉文化社, 1969)
貝塚茂樹著 李龍範譯　中國의 歷史 上·中·下(中央新書, 1980)
傅樂成著 辛勝夏譯　中國通史(宇鍾社, 1976)
閔斗基編著　日本의 歷史(知識産業社, 1976)
후앙 반치著 金圭定譯　越南의 현재와 과거(博英社, 1965)


分野別 通史類
黃元九　中國思想의 源流(延大出版部, 1976)
全海宗　韓中關係史硏究(一潮閣, 1970)
朴星來編著　中國科學의 思想(現代科學新書, 1978)


馮友蘭著 鄭仁在譯　中國哲學史(螢雪出版社, 1981)
크릴著 李東仁等譯　中國思想의 理解(耕文社, 1981)
설리반著 金敬子·金基珠譯　中國美術史(知識産業社, 1978)
야부우찌著 全相運譯　中國의 科學文明(現代科學新書, 1974)
프랑케著 金源模譯　東西文化交流史(檀大出版部, 1977)
東亞日報社編　中國古典 100 選(東亞日報社, 1980——新東亞 1980. 1. 附錄——)
梁啓超著 李桂柱譯　中國古典入門(三省文化文庫, 1973)
東亞日報社編　中國問題六十問六十答(新東亞 2, 1974)


資　料
서울大東洋史學科編　東洋史硏究資料輯要(知識産業社. 1981)

## 一. 導 論

高柄翊 「東洋的 專制主義」論(아시아의 歷史像, 서울大出版部, 1969)
全海宗 東亞文化史의 中心과 周邊에 대한 試論(東亞文化의 比較史的 硏究, 一
　　　潮閣, 1976)
閔斗基 中國史의 舞臺(中國近代史論, 知識産業社, 1976)

東亞日報社編 日本問題 特輯(新東亞 8, 1974)
나까베著 李光奎譯 日本社會의 性格(一志社, 1979)

## 二. 中國의 古典文化

崔茂藏 中國의 考古學(現代科學新書, 1973)
金庠基 中國古代史綱(普文閣, 1976)
J.G. 안더슨著 金庠基·高柄翊譯 中國先史時代의 文化(한국번역도서, 1958)
李成珪編譯 左傳選(三省文化文庫, 1980)

金元龍 中國舊石器時代遺蹟遺物의 新發見들(歷史學報 25, 1964)
方善柱 江淮下流地域의 先史諸文化(史叢 15·16 合輯, 1971)
關野雄著 李成珪譯 中國古考學의 現狀(東亞文化 15, 1978)
孔在錫 甲骨文과 殷文化略論(東亞文化 10, 1971)
尹乃鉉 甲骨文을 통해서 본 殷王朝의 崇神思想과 王權의 變遷(史學志 9, 1975)
金庠基 上代中國의 末子相續에 關하여(歷史學報 2, 1952)
鄭在覺 井田制度의 新展開(史叢 1, 1955)
閔斗基 中國의 傳統的 政治像——封建郡縣論議를 中心으로——(中國近代史硏究,
　　　一潮閣, 1973)
金一出 春秋會盟考(歷史學硏究, 1949)
方善柱 鄭國刑鼎考(史叢 7, 1962)
洪淳昶 春秋時代異民族考(東洋文化 4, 1965)
李春植 郡縣的 縣發生에 대한 一考察(史叢 10, 1965)
李成珪 戰國時代 統一論의 形成과 그 背景(東洋史學硏究 8·9 合輯, 1975)
────── 秦의 土地制度와 齊民支配(全海宗博士華甲紀念史學論叢, 一潮閣, 1977)
────── 戰國時代 私富抑制의 理念과 實際(震檀學報 50, 1980)
丁來東 屈原의 生涯와 作品(中國文學 1, 1962)

## 三. 諸子百家의　思想

金鍾武　諸子百家 上·下(三省文化文庫, 1978)
金學主　孔子의 생애와 사상(太陽文化社, 1978)
─────　老子와 道家思想(太陽文化社, 1978)
胡適著 함홍근·민두기·송긍섭譯　中國古代哲學史(대한교과서주식회사, 1962)
車柱環譯　東洋의 智慧(乙酉文化社, 1964)

李敦寧　儒敎思想形成化의　諸問題──특히 折衷調和的 時代精神과 實現學的 意味에서──(中央學報 7, 1969)
咸洪根　〈墨學源流〉書評(歷史學報 11, 1959)
崔完植　韓非思想淵源攷(서울大敎養課程論文集 4, 1972)
金翰奎　中國槪念을 통해서 본 古代中國人의　世界觀(全海宗博士華甲紀念史學論叢, 一潮閣, 1979)

## 四. 秦·漢 帝國

閔斗基　前漢의 陵邑徙民策(歷史學報 9, 1957)
─────　前漢의 京畿統治策(東洋史學研究 3, 1969)
金　燁　前漢王朝의 農民確保策(慶北大論文集 7, 1963)
梁元喆　漢代의 爵制에 對하여(釜山史學 1, 1977)
金翰奎　西漢의 「求賢」과 文學之士(歷史學報 75·76 合輯, 1977)
金　燁　中國古代의 連坐制(大丘史學 6, 1973)
─────　漢代兵制 및 力役制度에 關한 諸研究에 對하여(大丘史學 11, 1976)
閔斗基　漢代의 任俠的 習俗에 對하여(史學研究 9, 1960)
閔成基　漢初黃老術의 一考察(金廷漢頌壽紀念論叢, 1969)
金翰奎　賈誼의 政治思想(歷史學報 63, 1974)
閔斗基　鹽鐵論──그 背景과 思想에 對한 若干의 考察──上·下(歷史學報 10·11, 1958·1959)
吳相勳　後漢末 道敎形成에 대한 一試論(鵝檀學報 49, 1980)
閔成基　四民月令과 後漢의 農法(釜山大論文集 23, 1977)
李成珪　後漢末의 知識人像(서울大文理大學報 27, 1972)

### 五. 南北朝·隋唐 時代


閔斗基　西晋의 占·課田制研究에 對하여(歷史學報 25, 1967)
李公範　九品中正制度——魏晋時代를 中心으로——(史叢 1, 1955)
池培善　鮮卑拓跋氏의 氏族分裂에 대하여(白山學報 24, 1978)
李公範　南朝의 門生·故吏(成大論文集 4, 1959)
———　南朝의 山林藪澤問題(史學研究 3, 1959)
———　南朝貴族의 性格——琅邪王氏分析——(東洋史學研究 14, 1979)
李成珪　北朝前期門閥貴族의 性格——清河의 崔浩와 그 一門을 中心으로——(東洋史學研究 11, 1977)
李公範　南朝貴族沒落에 대한 一考察(大東文化研究 9, 1971)
李啓命　北周官僚貴族의 一研究(歷史學研究〈全南大〉 8, 1978)
朴漢濟　南北朝末～隋初의 過渡期的 士大夫像——顏之推의 「顏氏家訓」을 中心으로——(東亞文化 16, 1979)

卞麟錫　唐初中國의 突厥에 對한 「稱臣事」의 檢討(亞細亞學報 8, 1970)
柳元迪　唐代前期에 있어서 官僚基盤의 擴大過程에 대하여——貴族制에서 官僚制移行의 把握을 위한 一試論——(歷史敎育 26, 1979)
全海宗　唐代均田考(東亞文化의 比較史的 研究, 一潮閣, 1976)
鄭秉學　唐代樂遷問題의 社會史的 考察(歷史學報 17·18, 1962)
鄭起燉　唐代朋黨考——牛李黨 成立過程을 中心으로——(人文科學研究所論文集〈忠南大〉 2—5, 1975)
卞麟錫　安史亂의 展開에 관한 몇 가지 問題(全海宗博士華甲紀念史學論叢, 1979)
金奎皓　唐代科舉制度考(公州師大論文集 8—2. 1971)
金文經　武宗의 廢佛과 權力內部의 派閥的 對立(崇田大論文集 3, 1971)
金善昱　唐代藩鎭에 關한 研究——鎭을 中心으로——(忠南大論文集 11, 1972)
金稔子　唐代史官의 歷史認識——韓愈의 史論을 中心으로——(歷史學報 80, 1978)
車相轅　隋唐古文運動의 理論과 批評(學術院論文集 6, 1967)


### 六. 日本의 古中世


洪淳昶 田村圓澄編　韓日古代文化交涉史研究(乙酉文化社, 1974)

金烈圭　韓國과 日本의 神話(新東亞 1, 1973)
李弘稙　黎明期의 韓日關係와 傳說의 檢討(韓國史의 諸問題 2, 1959)

李基文　言語上으로 본 古代 韓日關係(新東亞 1, 1973)
盧泰敦　騎馬民族 日本列島 征服說에 대하여(韓國學報 5, 1976)
江上波夫　日本의 國家形成과 騎馬民族(新東亞 1, 1973)
上田正昭　石上神宮과 七支刀(新東亞 1, 1973)
坪井俊映　日本 淨土敎에 있어서의 人間觀(韓國宗敎 3, 1976)

## 七. 宋代의 社會와 文化

高爽林　宋代 佃戶의 諸類型과 性格(大丘史學 10, 1976)
──　宋代의 租佃契約法(大丘史學 12·13 合輯, 1977)
吉玄益　宋代 免役法의 性格(歷史學報 24, 1964)
金庠基　麗宋貿易小考(震檀學報 7, 1937)
閔斗基　中國史에 있어서의 士大夫와 紳士(中國近代史論, 知識産業社, 1976)
申採湜　北宋 仁宗朝의 對西夏政策(歷史敎育 8, 1964)
──　北宋의 蔭補制度硏究(歷史學報 42, 1969)
李東潤　12 世紀의 南海交通路論考(全海宗博士華甲紀念史學論叢, 一潮閣, 1979)
鄭乘學　宋代交子小考(東洋史學硏究 12·13 合輯, 1978)
權重達　傳統史學에 있어서 主體性의 問題──「資治通鑑」을 中心으로──(中央
　　史論 3, 1980)
趙東元　葉適의 思想에 대하여(東洋史學硏究 14, 1979)
車相轍　詞의 發生과 變遷過程(學術院論文集 13·14, 1974·1975)
卓用國　宋代太學補試制에 대한 略考(東洋史學硏究 7, 1974)

## 八. 遊牧民族의 活動과 征服王朝

李龍範　中世東北亞細亞史硏究(一潮閣, 1976)

金在滿　契丹族의 南侵過程의 硏究(史學硏究 12, 1961)
崔圭柱　遼의 支配勢力의 構造와 帝位繼承에 대하여(東洋史學硏究 5, 1971)
辛兌鉉　金代土地制度硏究(史學硏究 1, 1958)
李東馥　金代 猛安謀克의 變貌에 대하여(淸州大論文集 8, 1974)
高柄翊　蒙古·高麗의 兄弟盟約의 性格(東亞交涉史의 硏究, 서울大出版部, 1970)
──　이스람敎徒와 元代社會(東亞交涉史의 硏究, 서울大出版部, 1970)

## 九. 明·淸時代의 社會와 文化

金漢植　明代 里老人制의 硏究(大丘史學 1, 1969)

吳金成　明 太祖의 文教政策(歷史教育 11·12 合輯, 1969)
─────　明代 紳士層의 形成過程에 대하여(震檀學報 48, 1979)
─────　日本에 있어서 中國 明·清時代 紳士層研究에 대하여(東亞文化 15, 1978)
曹永祿　陽明思想에 있어서의 「分」의 問題(東洋史學研究 6, 1973)
─────　明代東林派의 研究(歷史學報 29, 1965)
高柄翊　儒教의 異端者 李卓吾(아시아의 歷史像, 서울大出版部, 1969)
崔韶子　壬辰亂時 明의 派兵에 대한 考察 一(東洋史學研究 11, 1977)
黃元九　明史 朝鮮傳 譯註 一·二(東方學志 14·15, 1973·1974)
金鍾博　明代 田賦의 銀納化過程에 관한 一考察(史叢 19, 1975)
吳金成　明末 洞庭湖周邊의 垸堤의 發達(歷史教育 21, 1977)
張忠植　明代 棉業考(史學志 1, 1967)
高柄翊　黃宗羲의 新時代 待望論(東洋史學研究 4, 1970)
權重達　王夫之의 史論(中央史論 2, 1975)
閔斗基　中共에 있어서의 水滸傳批判의 虛와 實(中國近代史論, 知識產業社, 1976)
金鍾圓　丁卯胡亂時의 後金의 出兵動機(東洋史學研究 12·13 合輯, 1978)
曹永祿　入關前 明·鮮時代의 滿洲女眞史(白山學報 22, 1977)
閔斗基　清朝의 皇帝統治와 思想統制의 實際(中國近代史研究, 一潮閣, 1973)
─────　清代 生·監層의 性格(中國近代史研究, 一潮閣, 1973)
李成珪　清初 地方統治의 確立過程과 鄕紳(서울大 東洋史學科論集 1, 1977)
趙東超　清代 地丁銀考(史叢 5, 1960)
崔甲洵　清朝前期 對農民政策의 一面(東洋史學研究 10, 1976)
崔韶子　清朝의 王位繼承과 多爾袞(梨大史苑 9, 1970)


## 十. 近世日本


高柄翊　近世 韓中日의 鎖國 上(震檀學報 29·30 合輯, 1967)
─────　外國에 대한 李朝 韓國人의 知見(白山學報 9, 1970)
裵宗鎬　李退溪의 韓中日에 있어서의 地位(退溪學報 14, 1977)


## 十一. 中國의 近代


金俊燁　中國最近世史(思想界社, 1963)
李辰永　中國民族解放運動史序說(乙酉文庫, 1949)
閔斗基　中國近代史研究(一潮閣, 1973)
殷永植　洋務思想과 近代兵工業의 興起(慶熙大出版局, 1975)
閔斗基　중국의 전통과 근대(평민서당, 1976)
鄭世鉉　近代中國民族運動史研究(一志社, 1977)

左舜生著　鄭秉學譯　辛亥革命史(대한교과서주식회사, 1965)

申近澈　淸末反英運動의 起源(成大論文集, 1971)
曺秉漢　曾國藩의 經世禮學과 그 歷史的 機能(東亞文化 15, 1978)
河政植　天朝田畝制度에의 一視角(全海宗博士華甲紀念史學論叢, 一潮閣, 1979)
閔斗基　中國과 日本에서의 洋務運動(現代中國과 中國近代史, 知識産業社, 1981)
金益鎬　洋務時代의 變法論(大丘史學 3, 1976)
申國柱　淸日戰爭의 本質에 대한 考察(无涯記念論集, 1963)
權錫奉　壬午軍亂時 淸側介入의 背景(淑大史論 6, 1971)
金鍾圓　朝中商民水陸貿易章程에 대하여(歷史學報 32, 1966)
閔斗基　戊戌變法運動의 背景에 대하여(東洋史學研究 5, 1971)

웨이크만著　吳金成譯　中國民衆運動史研究動向(東아시아研究動向調査叢刊 6, 서
　　　울大 東亞文化研究所, 1979)
에셔릭著 閔斗基・崔晶炘譯　美國에서의 辛亥革命研究動向(東亞文化 15, 1978)

　　資　　料
太平天國文書 2 件(新東亞 1, 1981)
鄒容 革命軍(抄譯)(新東亞 1, 1981)

# 十二. 近代日本의 成立

裴成東　日本近代政治史(法文社, 1976)
韓培浩　日本近代化研究(高麗大出版部, 1975)
젠슨等著　鄭明煥編譯　日本近代化와 知識人(關東出版社, 1977)
高橋幸八郎等編　車泰錫等譯　日本近代史論(知識産業社, 1981)

金容德　日本의 明治維新論(東亞文化 18, 1981)
───　明治初 地租改定法의 成立過程과 그 性格(東洋史學研究 15, 1980)
팡 꾀이 꿔著 閔斗基譯　日本的 自由主義(論壇 여름호, 1967)
朴英宰　淸日戰爭과 日本外交──遼東半島 割讓을 中心으로──(歷史學報 53・54
　　　合輯, 1972)
黃元九　露日戰爭(東亞細亞史研究, 一潮閣, 1976)

　　資　　料
吉田松陰 國體의 獨特性(新東亞 1, 1981)

佐藤著 베, 박譯　日本近代史研究의 새로운 動向(東亞文化 15, 1978)

## 十三. 二〇世紀의 아시아——中國

金俊燁　中國共産黨史(思想界社, 1958)
金相俠　毛澤東思想(知文閣, 1964)
崔　明　現代中國의 理解(玄岩社, 1975)


체스타 탄著 閔斗基譯　現代中國政治思想史(知識産業社, 1977)
孫文著 李明九譯　三民主義(三星文化文庫, 1972)
胡適著 閔斗基編譯　胡適文選(三星文化文庫, 1972)
周策縱著 조병한譯　五·四運動(광민사, 1980)
蔣中正著 中國學會譯　中國안의 蘇聯(隆宇社, 1959)
黎東方著 丁範鎭譯　蔣介石評傳 Ⅰ·Ⅱ(中央新書, 1980)
슈람著 金東式譯　毛澤東(博英社, 1979)


薛君度　黃興과 辛亥革命(亞細亞研究 9—4, 1966)
————　宋敎仁과 中國의 民主試圖 失敗(亞細亞研究 12—12, 1969)
尹惠英　袁世凱 帝制運動의 歷史的 性格(東洋史學研究 15, 1980)
閔斗基　五·四運動의 歷史的 性格(中國近代史論, 知識産業社, 1976)
————　蔡元培——知識人의 보람과 고뇌——(中國近代史論, 知識産業社, 1976)
————　胡適——自由主義者의 中國的 葛藤——(中國近代史論, 知識産業社, 1976)
李炳柱　五·四運動의 再認識(東洋史學研究 12·13 合輯, 1978)
河正玉　文學革命運動의 배경과 전개(中文學報 3, 1977)
許　璧　魯迅研究(中國問題 2—1, 1977)
尹世哲　中國에 있어서의 聯省自治(歷史敎育 25, 1978)
閔斗基　辛亥革命에서 北伐까지(中國近代史論, 知識産業社, 1976)
宋甲鎬　孫文의 國民革命思想(史叢 15·16 合輯, 1971)
李炳柱　中國의 農村狀況과 農民問題(1913~37)(東洋史學研究 8·9 合輯, 1975)
————　江寧自治 實驗縣에 대하여(東亞文化 16, 1980)
徐仲錫　柳條溝事件 造作까지의 關東軍과 中日關係(芝陽華甲論集, 1968)
金俊燁　中國國民政府는 이렇게 하여 滅亡하였다 上·下(思想界 5·6, 1952)


### 資　料
胡適著 車柱環譯　四十自述(乙酉文庫, 1973)
5·4 運動 宣言文 4 件(新東亞 1. 1981)

金弘一　大陸의 憤怒(文潮社, 1972)
蔣介石　共産黨과 合作하여 日本과 싸우게 된 경위(新東亞 1, 1981)
中共中央　國難을 共同으로 克服하자는 宣言(新東亞 1, 1981)

## 十四. 二〇世紀 東亞——日本

韓培浩等編　現代日本의 解剖(한길사, 1978)
韓相一　日本帝國主義의 研究(까치글방, 1979)

洪淳昶　日本軍閥의 歷史的 生成過程에 관한 考察(嶺南大 韓日關係研究所紀要,
　　1970)
黃明水　三井財閥에 관한 史的 考察(東洋學 7, 1977)
李揆河　日本의 對獨戰爭 參與와 獨逸의 租借地 山東半島 占領(亞細亞學報 12,
　　1976)
丸山眞男　日本의 내셔널리즘(白樂晴 엮음, 民族主義란 무엇인가, 創作과批評
　　社, 1981)

資　　料
北一輝　支那革命外史 序(新東亞 1, 1981)

## 十五. 越南史의 展開

劉仁善　秦漢時代의 越南(史叢 15·16 合輯, 1971)
朴漢濟　越南獨立王朝 形成考(서울大 東洋史學科論集 3, 1979)
劉仁善　베트남黎朝社會에 있어서의 家父長權(亞細亞研究 16—2, 1973)
高柄翊　越南史에 있어서의 儒敎文化(아시아의 歷史像, 서울大出版部, 1969)
————　越南의 對佛鬪爭(아시아의 歷史像, 서울大出版部, 1969)
閔斗基　越南史의 險難한 展開(中國近代史論, 知識産業社, 1976)
————　越南人과 中國人——相克과 依存의 歷史——(現代中國과 中國近代史, 知
　　識産業社, 1981)

資　　料
咸宜帝詔(新東亞 1, 1981)

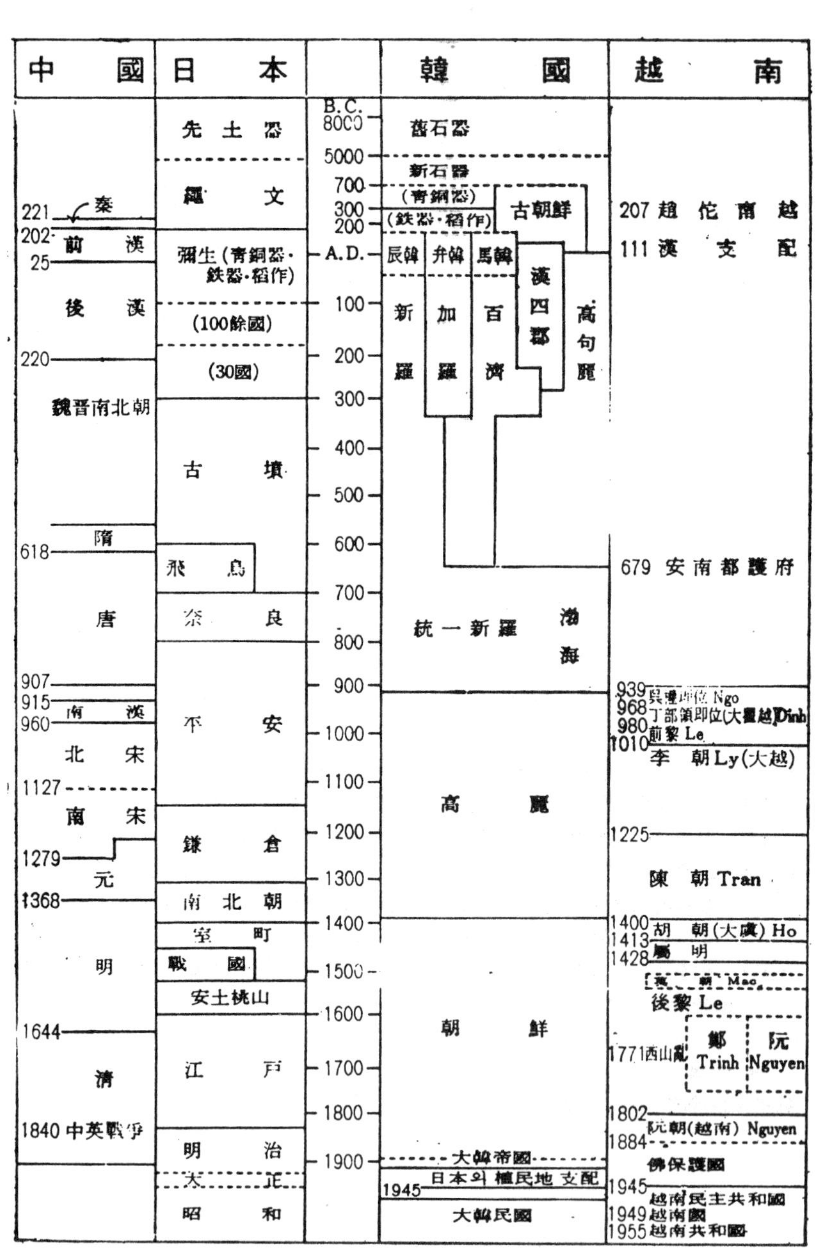

中國　日本　韓　國　越　南
B.C. 8000
5000
700
300
200
A.D.
100
200
300
400
500
600
700
800
900
1000
1100
1200
1300
1400
1500
1600
1700
1800
1900
先土器
舊石器
新石器
(青銅器)
(鐵器・稻作)
古朝鮮
221 秦
207 趙佗南越
繩文
202 前漢
25
彌生(青銅器・鐵器・稻作)
辰韓 弁韓 馬韓
漢四郡 高句麗
111 漢支配
後漢
(100餘國)
220
(30國)
新羅 加羅 百濟
魏晉南北朝
古墳
618 隋
飛鳥
679 安南都護府
唐
奈良
統一新羅 渤海
907
915
960 南漢
平安
北宋
939 吳權即位 Ngo
968 丁部領即位(大瞿越) Dinh
980 前黎 Le
1010 李朝 Ly(大越)
1127
南宋
高麗
1225
鎌倉
1279 元
陳朝 Tran
1368
南北朝
1400 胡朝(大虞) Ho
室町
1413
戰國
1428 屬明
明
安土桃山
[莫朝 Mac]
後黎 Le
1644
江戶
朝鮮
1771 西山亂
鄭 Trinh 阮 Nguyen
清
1802 阮朝(越南) Nguyen
1840 中英戰爭
明治
1884 佛保護國
大韓帝國
大正
1945 日本의 植民地 支配
1945 越南民主共和國
昭和
大韓民國
1949 越南國
1955 越南共和國